100 receitas de
MACARRÃO

Livros do autor na Coleção **L&PM** Pocket:

100 receitas de carnes
100 receitas de macarrão
100 receitas de patisseria
100 receitas de pescados
160 receitas de molhos
Cozinha Clássica
Honra ou Vendetta

Sílvio Lancellotti

100 receitas de MACARRÃO

L&PM POCKET
GASTRONOMIA

Coleção **L&PM** Pocket, vol. 305

As receitas incluídas neste livro foram selecionadas do livro O Livro do Macarrão (L&PM Editores, 1996).

Primeira edição na Coleção **L&PM** POCKET: junho de 1999
Esta reimpressão: agosto de 2009

Capa: L&PM Editores
Revisão: Renato Deitos e Flávio Dotti Cesa

ISBN 978-85-254-0994-4

L2471   Lancellotti, Sílvio
          100 receitas de macarrão / Sílvio Lancellotti.
     – Porto Alegre: L&PM, 2009.
     160 p. ; 18 cm – (Coleção L&PM Pocket)

     1. Gastronomia-Receitas-Patisseria. I. Título.
II. Série

CDU 641.55(083.12)

Catalogação elaborada por Izabel A. Merlo CRB10/329

© 1999, Sílvio Lancellotti

Todos os direitos desta edição reservados a L&PM Editores
Rua Comendador Coruja 314, loja 9 – Floresta – 90.220-180
Porto Alegre – RS – Brasil / Fone: 51.3225.5777

Pedidos & Depto. Comercial: vendas@lpm.com.br
Fale conosco: info@lpm.com.br
www.lpm.com.br

Impresso no Brasil
Inverno de 2009

A PROSA BEM TEMPERADA

A vantagem de Sílvio Lancellotti é que ele é, antes de tudo, um jornalista que cozinha. Basta folhear estas páginas de texto saboroso sobre receitas saborosas para constatar que não estamos diante de um assustado cozinheiro arrancado da segurança de suas panelas e lançado ao suplício de imprimir em letra de forma sabores, texturas, e perfumes insondáveis. O domínio do texto é essencial. Não são poucos os cozinheiros talentosos que acabaram por cometer livros de receitas insossos, reduzindo suas belas elaborações a fórmulas vazias, como se a cozinha fosse apenas uma combinação mecânica de ingredientes. Com Sílvio Lancellotti, o texto do livro de receitas tem a exuberância e o sabor de seus triunfos culinários. Abrir uma das páginas deste livro é como abrir uma de suas caçarolas. Desprendem-se perfumes inesperados, cores, sugestões e todas as sensações que um prato oferece. Isto é: o escritor é tão bom quanto o cozinheiro.

Seria um exercício cansativo e inútil tentar decifrar quem vem antes: o jornalista ou o cozinheiro? A curiosidade e a articulação do jornalista, por certo, a toda hora têm socorrido o cozinheiro minucioso. Mas o que seria do cronista gastronômico senão fosse o *métier* do cozinheiro profissional, herdeiro de velhos cadernos amarelados de receitas ancestrais da velha "Bota"? Creio que, para quem se prepara para abrir o livro e penetrar neste mundo delicioso das cozinhas da Itália, o que importa é saber que enfrentará a prosa bem temperada de um jornalista arguto, que descreve, por exemplo, o ato aparentemente prosaico de escorrer um macarrão com a emoção de uma boa reportagem, onde surpreende segredos inesperados como o truque de adicionar um pouco de parmesão ainda no escorredor.

Além disso, a conversa sobre os molhos e as massas, aqui, ultrapassa as paredes da cozinha e percorre a geografia, a história, a psicologia, a sociologia, não dispensando as tentações universais de um bom jornalista, como fofocas da Corte, bastidores pouco conhecidos e denúncias de velhos enganos. Uma delas é surpreendente: Marco Polo, segundo Sílvio Lancellotti, não foi o introdutor do macarrão (que teria sido, segundo a "história oficial", trazido por ele, da China para a Itália). Para "desmascarar" o velho viajante, o nosso repórter-cozinheiro traz dados históricos poderosos.

Para gostar deste livro, não é preciso gostar de cozinhar. Basta gostar de ler e de comer. Sílvio Lancellotti escreve como cozinha, e faz as duas coisas da mesma forma que fala: encantando seus convidados. Percorrer as páginas deste livro é mais do que leitura. É uma degustação.

J.A. Pinheiro Machado

Sumário

Dedicatórias indispensáveis 7
Algumas digressões bem-humoradas a respeito da única, autêntica, legítima e verdadeiríssima história do macarrão 9
Um pequenino, singelo, mas inteligente dicionário dos tipos mais comuns e mais apreciados de massas nos cardápios do Brasil 18
Massas em casa: como fazer, por puro prazer – ainda que seja mais fácil comprá-las prontas, num bom fornecedor 46
O ragù de tradição, treze receitas clássicas. E mais duas de apoio 53
Saladas com macarrão, sete preciosidades ultraleves e refrescantes 70
Sopas com macarrão, três maravilhas felizmente imortais 79
E, enfim, a gloriosa *pasta* protagoniza as mais espetaculares criações de todos os tempos: o macarrão obra de arte 84
Agora, surpresa, adoce a sua fantasia: duas sobremesas com macarrão 153
E para terminar, uma última e imprescindível defesa do macarrão 155
Índice analítico e de sabores 157
Índice geral das receitas 161

DEDICATÓRIAS INDISPENSÁVEIS

À Giulia e à Luísa, as minhas bambinetas menorzinhas, enfim homenageadas pelo papai num livro, elas que felizmente não dispensam o sagrado macarrão.

À Vivi, minha parceira em tudo, e aos meus pimpolhos mais crescidinhos, Eduardo, Daniela e José Renato, cobaias de uma infinidade de experiências culinárias.

À mamma Helena, à Dona Lourdes, ao Valdemar, à Márcia, à Fifa, ao Rica, ao Tiano, ao Bruno, à Mari, ao Luís, à Filô, à Terê, às saudades do Vodudu, do Gigio, do Lindy – e aos Lancellotti e aos Pacheco em geral.

A Ivan Pinheiro Machado e a Paulo Lima, que confiaram na idéia desta coleção, e ao Zé Antonio Pinheiro Machado, que gostosamente me aproximou de ambos. Obrigado...

ALGUMAS DIGRESSÕES BEM-HUMORADAS A RESPEITO DA ÚNICA, AUTÊNTICA, LEGÍTIMA E VERDADEIRÍSSIMA HISTÓRIA DO MACARRÃO

Eu começarei pela esculhambação da mentira. Ou, para falar de forma politicamente mais correta, pela desmistificação da lenda. Nem o chinês inventou o macarrão, muito menos Marco Polo introduziu o soberbo produto na Europa. Você me lerá – e Você me cobrirá de razão.

A palavra macarrão vem provavelmente do grego *makària*, que um poeta da clássica Hellas, de nome Ésquilo, louvava em seus versos sensuais – *makària*, um caldo de carne enriquecido por pelotinhas de farinha de trigo e por outros cereais daqueles tempos, cerca de 25 séculos atrás. A palavra *pasta*, a massa dos italianos, por sua vez, vem do grego *pastillos*, também citado em seus textos por um outro poeta helênico, especialista em versos culinários, o grande Horácio. Enfim, os latinos dos entornos de Cristo já se deliciavam com um prato batizado de *macco*, um caldo de favas e massa de trigo e água, a matriz da Minestra di Fagioli de hoje.

Da fusão dessas influências, com certeza, apareceu na Ilha da Sicília, cerca de mil anos atrás, o verbo *maccari*, que significa "esmagar ou achatar com muita força". E na Ilha da Sicília o homem civilizado, pela primeira vez na História, aprendeu a fazer os *maccaruni*, combinações de trigo moidíssimo com água fresca e alguns goles de vinho branco, relíquia de antologia. Tudo isso já acontecia por volta de 1100 – e Marco Polo só nasceria, atenção, em 1254.

Basta? Não. Preciso, porque gosto, penetrar mais fundo na desmistificação. Nos mesmos 1100, o monarca Roger II, o Normando, tomou conta da Sicília com as suas tropas, dentre os seus oficiais um certo cavaleiro Lancelot, que o dialeto local e as rotações da Terra transformariam em Lancellotti. Homem cultíssimo, mesmo para os padrões daqueles idos, Roger II era um colecionador dos documentos que adquiria, que roubava, ou que mandava escrever. Um dos seus sábios de plantão, um mouro de nome Abu Abdallàh Muhammad ibn Muhammad ibn Idrìs, convenceu o monarca a produzir um texto alentadíssimo de descrição geográfica da Ilha.

Roger II se fascinou com a idéia e não poupou recursos na empreitada, uma viagem de uma década através da região – claro, sob o comando de Idrìs. O sábio terminou o seu opúsculo em 1154, meras semanas antes da morte do Normando. Deu-lhe o título de "Nuzhat Al-mushtàq fi Ikhtiràq Açafáq", ou "O Prazer de Quem se Apaixona por Conhecer o Mundo". O monarca se eternizou, entre outras coisas, por lhe impor o subtítulo de "Il Libro di Ruggero".

Num dos capítulos da obra, prazerosamente Idrìs descreve uma iguaria que devorou nas vizinhanças do estreito de Messina, a separação mediterrânea da Sicília e da Calábria, a ponta do pé da Velha Bota, uma combinação de farinha, água e vinho, manualmente transformada em fios muito longos, desidratados ao vento e ao sol. As damas que perpetravam tal coisa a chamavam de *trujja*. No idioma árabe de Idrìs, a *trujja* das insulares se transformou em *itriya*.

Qualquer semelhança com aletria, o macarrão mais fino da família dos *spaghetti,* não é uma simples coincidência, evidentemente. "O Livro de Roger" definitivamente prova que já existia o macarrão na Ilha da Sicília no mínimo um século antes de Marco Polo ser parido. Então, por que e de que forma brotou a lenda da descoberta do macarrão por Marco Polo na China? O episódio, mistura de fraude com tolice, de ingenuidade com má-fé, é facílimo de se explicar.

Filho e sobrinho de comerciantes poderosíssimos em Veneza, ainda adolescente, em 1271, aos dezessete anos de idade, Marco Polo acompanhou o pai e o tio numa expedição ao Oriente. Lá permaneceu durante duas décadas, nas plagas de Fanfur, debaixo da proteção do Kublai Khan, que se magnetizou com o seu estilo, a sua conversa, e até mesmo lhe entregou o comando de suas tropas. Obviamente, nas duas tais décadas, Marco Polo fez mais do que descobrir o macarrão.

De volta a Veneza, em 1295, Marco Polo começou a redigir as suas memórias, um livro de aventuras fantasiosas, basicamente juvenis, de título "Il Millione". Num pequeno parágrafo, informação perdida num furacão de dados botânicos e zoológicos, Marco Polo citou a sua empolgação diante de uma planta, o sagu, com que os nativos de Fanfur cometiam "mangiari di pasta assai e buoni" – ou, singela tradução, "comidas de massa suficientemente gostosas".

Em nenhuma frase do original de Marco Polo se encontra a mínima referência ao trigo ou ao macarrão. Tempos após, no entanto, ao editar o livro do mercador de Veneza, um outro peninsular, Giambattista Ramusio, considerou de seu direito, uma sua prerrogativa, explicar melhor de que se tratava a planta do sagu. De moto próprio, com a sua pena, ao pé da página alinhavou a sua infame traição: "Com tal produto se faz uma farinha limpa e trabalhada, que redunda em lasanhas e nas suas variedades, elogiadas e levadas pelo Polo a Veneza em suas malas".

Crime duplo, o de Ramusio. Já existia a lasanha na Itália desde os idos dos Césares. A palavra lasanha vem do latino *laganum*, massa de água e trigo que os romanos já saboreavam, cozida ou mesmo frita, salgada ou mesmo doce, anos e anos antes de Cristo. Além disso, ao fabricar a falcatrua no livro de Marco Polo, o editor desnaturou a sua raiz ancestral. Transformou em chinês um produto que era legitimamente, autenticamente, verdadeiramente italiano.

Na Sicília do século 12 se desfrutavam as *trujje*, plural de *trujja*, com alho refogadinho no azeite, bastante pimenta-do-reino, queijo de cabra bem sequinho e bem raladinho e, no topo dos fios de massa, montados circularmente no prato, um ovo frito cuja gema se rompia ao se iniciar a comilança. Com o passar das décadas, outros ingredientes invadiram a alquimia. As anchovas e as sardinhas. As suas ovas. O atum fresco ou defumado. Verduras várias. Serviam-se as aletrias inclusive como sobremesa, embriagadas em mel, frutas frescas, passas, amêndoas, nozes.

O macarrão, rapidamente, cobriu a Bota inteirinha. Cada província passou a ostentar o seu tipo de massa, o seu corte específico e também o seu molho ideal. Na Campânia, arredores de Nápoles, além do azeite e do alho se usavam as alcaparras e as azeitonas. No Lázio, a região de Roma, despontaram as aparas do porco, a cauda do boi. Na Toscana, a pátria de Florença, a carne de coelho. Na Ligúria, e em Gênova, o manjericão picadinho e transformado em pesto. No Piemonte e na Lombardia, as manteigas, os cremes e os queijos. No Vêneto, o bacalhau. Na Emília-Romagna, a carne de boi bem picadinha e curtida no leite. Nos Abruzos, os mariscos.

A grande revolução do macarrão no mundo, de todo modo, ocorreria a partir do século 17, quando os italianos desvendaram ao universo as propriedades do tomate. Fruto das Américas, batizado pelos astecas de *tomatl*, por volta de 1500 o tomate, verdadeira praga, medrava vigorosamente através das costas do Pacífico, desde o México até o Peru. Hipnotizados pela sua cor, e pela sua velocíssima reprodução, os espanhóis decidiram levá-lo à Europa.

Desafortunadamente, nas cortes da Ibéria, mais se utilizava o rubro do fruto na decoração de mesas. Engoliam-se, mesmo, os seus verdes, como salada. Resultado: sucessivas intoxicações, desidratações em massa. Em 1530 a coroa da Espanha proibiu o consumo alimentar do tomate em toda a sua jurisdição. O fruto, no entanto, continuou se multiplicando e se multiplicando – até que, em 1590, marinheiros italianos levaram as suas sementes até o sol eterno de Nápoles.

Breve o mundo teria o melhor tomate do planeta, o *pomodoro*, o fruto-de-ouro, abençoado por um clima sensacional que lhe dava o calor dos céus e a umidade dos solos. Em 1610 já se servia o tomate como salada em Nápoles e vizinhanças. Em 1630 as damas cozinheiras da região já perpetravam molhos sumarentos e perfumados com a maravilha. Debaixo dos molhos de tomate o macarrão se espalharia pelo globo igualmente como praga. Saudabilíssima praga.

Paralelamente, proliferavam as formulações do macarrão. No Norte da Bota, por exemplo, o trigo não era tão portentoso como aquele do Sul, o *Triticum durum*, ou trigo de grão duro. No Norte apenas havia o trigo comum, ou *Triticum vulgare*. Eu ensino a diferença. No trigo comum há menos glúten, uma substância de natureza albuminóide, riquíssima em proteínas, duas das quais, a gluteína e a gliadina, apenas se conectam em contato com a água. É precisamente o matrimônio da gluteína com a gliadina que dá consistência ao macarrão. Ou seja, quanto mais glúten houver, quão mais potente se mostrar o glúten, mais resistente e saboroso ficará o macarrão.

Para reforçar a fragilidade do glúten do trigo comum, os masseiros do Norte da Itália resolveram utilizar o ovo na composição do seu macarrão. Idéia excelente. Do casamento da farinha e do ovo nasce um colóide, uma espécie de rede microscópica que aprisiona as minipartículas do amido natural do trigo. No processo de secagem do macarrão, a rede se contrai, preservando a textura do produto. Então, ao se cozinhar a massa, a rede se expande, sem se romper, ampliando a sua elasticidade a limites majestosos, uma garantia de ótima mastigação.

Até o comecinho do século 20, se perpetrava a secagem do macarrão ao ar livre, mesmo. Em 1919, porém, na cidade de Torre Annunziata, perto de Nápoles e de Salerno, um artesão inventou a primeira máquina de desidratação artificial. Depois, em 1933, em Parma, os irmãos Giuseppe e Mario Braibanti construíram um apetrecho capaz de produzir a massa desde a sua misturação até o seu embalamento. Genialidade dos Braibanti, o procedimento de secagem acontecia, digamos, numa sucessão de entradas em banho turco e em sauna seca.

Detalhe melhor. No banho turco acontece a transpiração da massa por causa do excesso de vaporização em altas temperaturas, na casa dos cem graus. A sauna seca, por sua vez, suga os líquidos num ambiente ultra-árido, na casa dos noventa graus. A máquina dos Braibanti ostentava um longo túnel com cerca de quarenta metros, oito vezes a sauna e oito vezes o banho. Ao final do túnel, no segmento da embalagem, a massa exibia apenas 15% da sua umidade original.

O cozimento provoca a recuperação da umidade. Por isso o macarrão se incha. Por isso o macarrão cresce. Quanto mais o macarrão rende, maior é a economia de quem compra. Com um quilo de macarrão de trigo duro, seco, se faz 80% mais de massa já prontinha. O trigo mole não ostenta a mesma evolução. Ainda que enriquecido pelo ovo, chega no máximo a 50%.

Outra característica preciosa do equipamento dos irmãos de Parma: as trafilas intercambiáveis. São as trafilas que dão o formato final ao macarrão. Com trafilas intercambiáveis, uma só máquina pode realizar dezenas de tipos e de cortes diferentes. Claro que os Braibanti desandaram a vender sucedâneos do seu equipamento. Resultado: já na década de 50 o macarrão se espraiava airosamente da Suécia à África do Sul, dos Estados Unidos à China do sagu de Marco Polo. Não existe, hoje, nação do universo que não consuma o macarrão.

Fique claro, de todo modo, que não existe um genérico macarrão. Sim, eu sei, já citei a expressão 25 vezes em minha peroração, até agora. Macarrão, porém, é apenas e exclusivamente um tipo específico e determinado de massa semilonga, de secção redonda, furadinha em seu miolo no sentido de seu comprimento – beleza que, dependendo da sua proveniência, também leva os nomes plurais de os *bucatini*, os *forati*, os *fusilli*, os *perciatelli* e os *sedani*. Parece confuso? Mais do que parece. Dependendo da sua procedência os *fusilli* também se chamam *eliche* ou *fusiddi* ou *maccarrones-a-ferritus* ou mesmo *tortiglioni*. E, dependendo da sua terra de origem, os *tortiglioni* também se chamam *rigatoni torti*, *tortoni* etcetera e tal.

Eu paro por aqui, antes de enlouquecer. O dicionário de alguns nomes de macarrão, opa, de massas mais conhecidas e mais apreciadas no Brasil, fica para o próximo capítulo.

UM PEQUENINO, SINGELO, MAS INTELIGENTE DICIONÁRIO DOS TIPOS MAIS COMUNS E MAIS APRECIADOS DE MASSAS NOS CARDÁPIOS DO BRASIL

Este capítulo de meu livreto se destina, essencialmente, a defender a tradição de inúmeras massas de antologia – que mesmo as empresas fabricantes não hesitam em desrespeitar. Anos atrás, em São Paulo, havia um restaurante razoavelmente famoso de nome Via Fetucini. Certa ocasião, o proprietário, muito simpático, reclamou que eu não me abalava a visitar o lugar. Não visitando a casa, claro, eu não poderia escrever sobre ela em meu espaço de jornal.

Não fui muito piedoso, nem tampouco tolerante. Não resisti a uma observação que me comprimia o coração e a cabeça: "Meu caro, como posso confiar num restaurante que nem o seu nome sabe redigir corretamente? Soletrarei: f-e-t-t-u-c-c-i-n-e. Quem não sabe escrever o próprio nome obviamente não deve saber como cozinhá-lo". A casa acabou fechando e, confesso, sinto um certo remorso pela minha intolerância. Alguém, todavia, precisa botar ordem na orgia, conforme pedia o Marquês de Sade nos seus tempos fabulosos. Ninguém se mexe? Serei eu.

O glossário que segue, adiante desta introdução, enfim se propõe a ensinar as grafias justas e, também, a falar um pouquinho da história e da evolução dos principais tipos, perdão, de macarrão, atualmente disseminados pelo Brasil. Nomes e sinônimos, traduções possíveis – e um pedaço de leitura que eu pretendo mansa e aprazível. Gastronomia também é literatura. Continue comigo, por favor, em ordem alfabética. Ainda não inventaram uma outra melhor.

AGNOLOTTI
Ou = Agnillini, Agnolini, Angiulottus, Anolini

Não acredite, como asseveram muitos especialistas desavisados, que a palavra Agnolotti deriva de *agnello*, ou cordeiro, o suposto ingrediente do seu recheio original, datado do século 14, no Piemonte, arredores de Turim, no Norte da Bota. Nada disso, o nome provém mesmo de *anôlot*, um anel de metal, o instrumento que se utilizava no corte arredondado da massa.

Um Agnolotto, dois Agnolotti. Massa de farinha e ovos, geralmente nove ou dez ovos por quilo de farinha. Massa de formato circular, dobrada sobre o seu recheio no formato de um pastel. Admito que, principalmente depois do século 18, por falta de um *anôlot*, ou por preguiça do fazedor, os Agnolotti ficaram quadradinhos. Tudo bem. Alguém já disse que o círculo não passa de um quadrado expandido ao infinito. Na minha casa, porém, eu só faço Agnolotti circulares.

O recheio também virou bagunça – ainda que, às vezes, uma bagunça deliciosa. O clássico, do

Piemonte, leva uma mistura de arroz, presunto picadinho e múltiplas especiarias agridoces, como a combinação de ervas, verduras e um toquezinho delicado de licor de amêndoas.

Na Sicília, os Agnolotti se chamam, dialetalmente, Agnillini. O povo dos meus antepassados idolatra o abuso dos is e dos us na sua fala. Adora, também, tornar mais popularescas e mais rústicas as requintadas receitas do Norte. O monarca Vittorio Amedeo, da casa de Savóia, levou os Agnolotti à Ilha no princípio do século 18, depois que o Tratado de Utrecht lhe concedeu o direito de posse da Sicília. Os insulares, todavia, revolucionaram a alquimia. Refizeram o seu recheio com carne de porco e ricota e lhe dedicaram um molho opulento à base de lingüiça.

Ao sul da Lombardia, na Mântua/Matova da ópera "Rigoletto" de Giuseppe Verdi, se localizam os Agnolini, menorzinhos do que os Agnolotti. Compõe o seu preenchimento uma mistura de carne de boi e de peito de frango. Sorvem-se os Agnolini dentro de uma sopa.

Angiulottus são os Agnolotti de outra ilha da Bota, aquela da Sardenha. Outro rei da casa de Savóia, Vittorio Emmanuele I, fugido de um assédio de Napoleão Bonaparte, carregou a receita básica consigo até as costas de Cagliari, no início do mesmo século 18. Várias carnes se incluem no recheio, umedecidas por um toque de queijo de leite de ovelhas, o *pecorino* da Sardenha.

Enfim, os Anolini, pequeninhos, costumam

trafegar nas fronteiras da Lombardia com a Emília-Romagna. O seu preenchimento leva carne bem cozida, ovos e queijo curado. Detalhe: apenas entre a Lombardia e a Emília-Romagna eles podem se chamar, ainda, Anvèin e Anolen.

AVEMARIA
Ou = Coralli, Ditali, Paternostri

Conhecidos no Brasil como anéis, aneizinhos, dedais, dedaizinhos ou padrenossos, estes tipos pequeninos de macarrão já têm cerca de nove séculos de vida. E eu não desnaturo, aqui, a expressão macarrão. Tais tipos de massa não passam de pedaços menorzinhos dos *maccheroni* ou dos *bucatini*, cortados para simplificar a operação e a mastigação da molecada. De novo, trata-se de uma idealização siciliana, onde as avemarias se chamam *curaduzzi*, os naquinhos furadinhos de coral com que os artesãos da Ilha perpetram os seus pingentes e os seus colares.

Foi em Roma, por causa da proximidade do Vaticano, que os *curaduzzi* se tornaram avemarias ou padrenossos, rememorações das contas dos rosários, os terços dos católicos. Os *ditali*, com o acento tônico na letra a, literalmente dedais, exibem um tamanho um tico maior, digamos mais adulto. Existem os *ditali* lisos e os *rigati*, listradinhos na sua superfície exterior. Em todos os casos, a família se adapta, impecavelmente, às sopas, aos caldos e aos cremes.

BUCATINI
Ou = Maccheroni, Forati, Fusilli, Perciatelli, Sedani

No idioma da Sicília, a palavra original é *pirciatu*, ou furado, diminutivo *pirciateddi*, ou furadinho, de onde provém *perciatelli*. Trata-se de um tipo de massa tão antigo quando as *trujje*. Os *pirciateddi* nasceram, seguramente, da engenhosidade de alguma cozinheira, preocupada em secar a sua massa de modo mais homogêneo e mais veloz, ao mesmo tempo no exterior e no interior. A dama simplesmente abriu uma lâmina da massa por cima de uma superfície qualquer, cortou a placa em longas tiras e então enrolou os pedaços, no sentido do seu comprimento, com um araminho longo. A técnica, aliás, sobrevive, intacta, até os dias de hoje.

Perciatelli é o nome napolitano da iguaria. Roma preferiu o seu próprio batismo – a partir de *buco*, furo ou vazio, *bucatini*. Na confusão das novas denominações, sobraram como *maccheroni* apenas aqueles produtos do leste da Bota, entre a Apúlia e os Abruzos. Ainda, na Calábria, ciosíssima da sua personalidade, os *maccheroni* viraram *fusilli* – por causa de *fuso*, que significa derretido mas também quer dizer eixo, o tal do araminho do enrolamento.

E por que razão são *fusilli* os parafusos industrializados de muitas das marcas italianas e também de inúmeras das marcas brasileiras? Em minha opinião, a alcunha peninsular ideal dos parafusos deveria ser *tortiglioni*. Voltarei ao tema, em mais algumas linhas. Por enquanto, eu lembro que as massas de corte longo, com furos no meio, exigem molhos opulentos, molhos que invadam as suas entranhas e lhes transmitam o seu sabor por fora e também por dentro.

CANNELLONI

Já escutei um amigo italiano explicar que *cannelloni* advém de canela. Que é isso, companheiro? Canela, no idioma peninsular, é *stinco*. A expressão *cannelloni*, com todos os seus dois enes iniciais e os seus dois eles do meio, surgiu mesmo de cano ou de canudo e já ostenta pelo menos dois milênios de formosura culinária. Sabia Você que na cozinha dos Césares de Roma era comum se cometerem crepes ou panquequinhas? Pois bem, os mestres-cucas daqueles tipos criaram os primeiros *cannelloni* com massa de panqueca, inspirados nos aquedutos que carregavam a água fresca das altas nascentes da região até o centro mais nobre da cidade.

Existem, desde sempre, *cannelloni* pré-fritos, com massa de crepe, ou *cannelloni* pré-cozidos, com massa de lasanha, ou o *laganum* de 20 séculos atrás. Na Itália, mesmo numa única região, as variedades proliferam. Na Emília-Romagna se chamam *borlenghi*. Na Toscana, *ciaffagnoni*. Nos Abruzos e no Molise, *scripelli*. No Lazio, as *fregnacce*. O preenchimento de tradição é aquele bolonhês, carne refogadinha em vinho e molho de tomates, mais especiarias, eventualmente ovos e queijo raladinho. Os *cannelloni*, todavia, propiciam infinitas exibições de versatilidade. Vale a ricota, servem os legumes, fica ótima a pasta de frutos-do-mar.

Exercite Você a sua fantasia e a sua imaginação. E também se lembre de simplificar a refeição da meninada. Na Itália estão na moda os *toccheti*, os canudos pré-cortados em pedaços menorzinhos. Não concordo muito com o nome da relíquia. Na Bota, *tocco* não significa toco – mas quer dizer barrete, chapeuzinho, carapuça. Licença romântica e poética, vá lá, eu perdôo.

CAPELLINI
Ou = Capelli d'Angelo, Capelvenere, Spaghettini

Você que me dá o privilégio da sua leitura, e da sua atenção, por favor, jamais escreva *capellini* com dois pês, como eu já li em infinitos menus deste país. Com dois pês a palavra significa chapeuzinhos, no plural. Com um pê só ela se transforma nos fios bem longos e bem delicados de uma das massas mais fenomenais da História da Humanidade, os cabelinhos, também conhecidos por cabelinhos-de-anjo ou cabelinhos-de-vênus. O sexo, me ajude, Você decide.

Os *capellini* são os frutos mais diretos das *trujje* antiquíssimas. Faz tempo que eu não visito a minha Sicília ancestral. Eu ainda me recordo, comovidíssimo, porém, de um espetáculo que lá presenciei, um campeonato de feitura de *trujje* e de *capellini*. Senhoras além dos sessenta, setenta anos de idade, se reúnem numa praça com uma esfera de massa nas mãos. A um sinal de um árbitro, começam a dividir a massa em pelotinhas e, com cada uma das bolinhas, desandam a produzir fios, a cada movimento mais finos e mais compridos. Ganha o certame a dama que obtiver o *capellino* mais longo. Há quem atinja a marca dos cento e tantos metros.

A vencedora leva um prêmio em dinheiro e um título anual, "La Donna della Scuma". No dialeto local, *scuma* significa espuma, batismo apropriadíssimo à leveza magistral da iguaria. Um verdadeiro *capellino* não pode ultrapassar um milímetro de espessura, dimensão que exige uma enorme atenção no cozimento da massa. Dois, três minutos, no máximo, bastam para que ela atinja o seu ponto justo. Além disso, os *capellini* se colam ou se rompem, suprema humilhação. Claro que se trata de massa para sopas, molhos leves. No Brasil se aprisionam os *capellini* em quatro, cinco, um batalhão de queijos. Em vez de comida, a receita vira grude.

Porque fica mais fácil a sua coleta das máquinas, porque fica mais tranqüila a sua embalagem, os pastifícios apresentam os *capellini* na forma de ninhos, ou *nidi*. Nada contra. Eu, aliás, faço questão de mantê-los no seu desenho enrodilhado ao lançá-los na água fervente. Não mexo, não misturo, não desmancho. Retiro, um a um, meticulosamente, com uma escumadeira. E sirvo os ninhos intactos, elegantemente redondinhos, com o seu molho por cima e algum ingrediente sólido bem no miolo. Por exemplo, ostras, camarões picados, carne moidinha. Lógico, dá mais trabalho. O resultado, no entanto, transmite um prazer visual de converter o demônio.

CAPPELLETTI
Ou = Tortelli, Tortelloni, Turtlein

Agora, sim, por favor, os dois pês e os dois eles e também os dois tês no final. Um *cappelletto* é chapeuzinho. Atenção, um *cappelletto*, dois *cappelletti*. Saiba Você, todavia, que os *cappelletti* não passam de um subproduto dos *ravioli*, os primeiros exemplos de massa recheada da culinária italiana e universal, sobre quem eu discorrerei logo mais tarde.

No século 13, antes dos *agnolotti* do século 14, os *ravioli* já encantavam os nobres e os plebeus do Norte da Bota, pasteizinhos quadradinhos, ora recheados de queijo, ora enfunadinhos de carne. Havia, claro, uma coincidência de formatos e de aspectos. Os masseiros produziam as duas versões mas, no instante do cozimento, se confundiam. Muitas vezes se misturavam, numa mesma panela, partidas de pasteizinhos de queijo e de carne, para a vergonha dos mestres-cucas.

Então, um patisseiro espertíssimo do Piemonte decidiu manter os *ravioli* de queijo no desenho dos quadradinhos e perpetrar os de carne no desenho de trianguletos. Melhor, brincalhão ou prospectivo, resolveu enrolar o trianguleto num dedo, retorcendo as suas pontas e lhe transmitindo o aspecto de um chapeuzinho de bico. Explodiu imediatamente, e naturalmente, o nome da maravilha – *cappelletto*. Sucesso em quase toda a Itália, menos na cidade de Bolonha.

Já naquela época Bolonha se considerava a capital gastronômica da Bota, não admitia nada que não se criasse nos seus domínios. Repudiado o *cappelletto*, Bolonha exigiu dos seus talentos algo mais charmoso e muito mais solene. Ganhou o laurel uma imitação: um *cappelletto* perpetrado a partir de um *raviolo* de carne no desenho de uma meia-lua em vez do trianguleto.

O nome emiliano da maravilha brotou da expressão *turtlein*, o dialetal bolonhês para tortinho, ou enroladinho. Com o passar das décadas, o *turtlein* virou *tortello*, plural *tortelli*, e *tortellino*, plural *tortellini*. Mais tarde, graças às ousadias da "Nuova Cucina Italiana", também apareceriam nos menus os *tortelloni*, nada mais do que *cappelletti* maiores do que o normal.

Exige a tradição que os *ravioli* jamais tenham carne no seu recheio, ou que os *tortellini* não usem o queijo no seu preenchimento. Sinceramente, radical que sou, amante da tradição, eu concordo, no papel. Na prática, entretanto, me parece tolice, talvez uma ridícula arbitrariedade, cercear a fantasia e a imaginação de quem adora os fogões. Que cada um emprenhe os seus *cappelletti* ou os seus *ravioli* como desejar. Cozinha é uma grande, formidável brincadeira.

CASÔNSEI/CASONZIEI
Ou = Casoncelli, Cialzons, Culingiones, Culurzones, Marubini

Coração culinário da Lombardia, a cidade de Bérgamo por séculos brigou com Bolonha pelo predomínio da cultura gastronômica da Itália – até dos entornos do mar Mediterrâneo. Os *ravioli* do Norte inspiraram Bérgamo a criar os seus *casônsei*, originalmente pastéis quadradinhos de queijo que o masseiro entortava de maneira a lhes impor uma dobra curiosa, à maneira de um cotovelo. Tal dobra, obviamente, só tem uma função visual, e cultural, a forma de Bérgamo dizer que inventou algo de novo, seu, próprio, eventualmente singular e particular.

Na região do Vêneto os *casônsei* se transformaram em *casonziei*. Em vez do queijo de Bérgamo, um recheio de espinafres, presunto cozido e moído, um toque de canela. Nos dois casos se cobrem as amostras de massa com um molho bem delicado, à base de manteiga e de ervas, talvez um tico de parmesão ou *pecorino*, quem sabe um pulverizar de ricota defumada. Pertinho do Vêneto, na região do Friuli, os *casônsei* se chamam *cialzons* e ostentam um recheio mais complexo e mais exuberante – ricota, ovos, pão preto bem ralado, uvas passas, outras frutas e uma pitadinha de chocolate em pó. Parece estranho. Eu, no entanto, já comi – e adorei.

Bem ao contrário, os *culingiones* do Sul da Sardenha são vigorosos e picantes. Entram no seu preenchimento vários tipos de queijo de leite de ovelhas, frescos ou curtidos, pimenta vermelha e pimenta preta, algumas ervas de plantão. No Norte da ilha a corruptela local transforma o nome da massa em *culurzones*. Não existem grandes diferenças além da grafia, porém. Inéditos são mesmo os *marubini*, provenientes do sudoeste da Lombardia, arredores de Pavia, construídos no formato de castanhas e, aliás, recheados com castanhas, carne de porco e queijo picante. A palavra *marubini* provém de *marù* – a família das castanhas típicas do lugar.

FETTUCCINE
Ou = Tagliatelle, Taglierine, Taglioline, Tajarin, Paglia-e-Fieno

Quando eu era um meninote, ninguém cá no Brasil e nem mesmo na Itália falava em *fettuccine*. Então se comiam mesmo talharins, iguaizinhos às *fettuccine*, sem exceção. Talharins. A expressão advém do século 13, da Ilha da Sicília, quando lá já se faziam as *tagghiarine*, ou seja, tiras compridas de massa, cortadas, ou talhadas, de uma lâmina bem pressionada, como aquelas das lasanhas.

A largura das tiras variava de acordo com a paciência de quem operava a massa, cinco ou dez milímetros, tanto fazia. E ninguém se queixava por comê-las irregulares.

A sofisticação petulante do Norte da Itália, no entanto, resolveu requintar o estilo e modificar a denominação. Do Lazio ao Piemonte e à Lombardia, principalmente na década de 50, os restaurantes em geral adotaram oficialmente a expressão *fettuccine*, principalmente para designar as tiras de dimensões iguaizinhas, cinco milímetros de largura, as bordas impecáveis graças às máquinas industriais. No singular, *fettuccina* quer dizer fitinha. *Fettuccine*, fitinhas.

Alguns pontos mais tradicionalistas, por mais antigos, ainda mantêm os velhos batismos dialetais. Na Campânia, *taglierine*. Da Úmbria até a Lombardia, *taglioline* ou *tagliatelle*. No Piemonte, *tajarini*, um tico mais sutis e mais estreitos. De todo modo, pegou na Bota e no mundo o modismo das *fettuccine*. Igualmente contemporâneo é o matrimônio *paglia-e-fieno*, um conjunto de tiras de massa com ovos, douradas, e de massa com espinafres, esverdeadas.

GNOCCHI
Ou = Cavatelli, Cavatieddi, Macaroni, Malloreddus, Pisarei, Troffie

A palavra *gnocco*, singular de *gnocchi*, provém dos entornos dos séculos 14 e 15, de um termo longobardo, bem do Norte da Itália, o *knohha*, apelido então concedido ao retardado mental, ao pobre imbecilizado que os nobres, politicamente incorretos, adoravam ironizar. Em Veneza o regionalismo se transformou em *nodo* e em *nocca*. Mais ao Sul, em *gnecco*. Paralelamente se usava a expressão *nocchio* ou *njocco* para caracterizar os bordados em relevo que se teciam nos panos de festa ou de cerimônia. E como isso tudo virou uma preciosa iguaria?

A fusão etimológica provavelmente aconteceu na Toscana quando algum filósofo de Florença cunhou um mote proverbial: *"Ognuno può fare della sua pasta gnocchi"*. Ou, esperta tradução: "Cada um pode fazer da sua massa um grude, uma bobagem, uma tolice". Ou ainda: "Cada um é livre para dispor das suas coisas como indicarem a sua fé e as suas crenças". Muito bem. Naqueles tempos, quinhentos, seiscentos anos atrás, proliferavam os conflitos feudais e aos menos privilegiados apenas sobrava, como alimento, o pão desprezado pelos nobres e pelos burgueses. Aos famintos só restava ralar ou remoer o pão velho, que se misturava em água, aos condimentos possíveis, mais pitadas de queijo duro. A massa resultante era bem trabalhada, bem amalgamada, e depois dividida, em pedacinhos, com uma colher. Lançavam-se os pedacinhos em água fervente ou mesmo em algum caldinho ralo, o *brodo* de carne ou de galinha. Desfrutavam-se os *gnocchi* na sopa mesmo – ou, escorridos, em um molho qualquer.

Com a chegada à Europa da batata, produto das Américas, no século 18, os nobres descobriram que os *gnocchi* dos pobres ficavam mais leves e mais delicados se perpetrados com uma pasta de semolina e o purê da tuberosa. Paulatinamente, entraram na formulação os aditivos saudáveis como o parmesão pulverizado, a noz-moscada e mesmo as cores obtidas pela inclusão de partes de purê de beterrabas, de cenouras, de cogumelos ou de espinafres. A criatividade dos cozinheiros espalhou através do planeta uma infinidade de variações dos *gnocchi*.

Na Puglia, o calcanhar da Bota, eles se mostram menorzinhos e se chamam *cavatelli* ou *cavatieddi*. No Vêneto se denominam *macaroni* e podem ser desfrutados salgados ou mesmo doces, num banho de leite, açúcar, canela, eventualmente o mel e as frutas desidratadas. Na Sardenha predominam os *malloreddus*, de superfície rajadinha pelas pontas de um garfo. Na Emília se perpetram os *pisarei*, os pedacinhos de massa combinados com favas de igual tamanho. Enfim, na Ligúria se idolatram as *trofie* ou *troffie*, a massa enriquecida pelo ovo.

Dos *gnocchi* também surgiram as *ciambelle*, relíquias do Tirol peninsular, fronteiras da Itália com a Suíça e a Áustria, verdadeiras pelotonas de massa de batata, sêmola e queijo raladinho, recheadas geralmente com um picadinho de lingüiças várias e azeitonas pretas. Produzir uma *ciambella* exige prática e habilidade – mas o resultado é sensacional.

LASAGNE
Ou = Laganelle, Festonate, Reginelle

Ainda hoje, em muitas partes da Itália, se utiliza o arcaico *laganum*, singular do latino *lagana*, para designar as placas de farinha de trigo e água, ou farinha de trigo e vinho, ou farinha de trigo e ovos, que representam as bases de qualquer tipo de macarrão – ou que, entremeadas por recheios diversos, se transformam num prato de muito charme, opulência e generosidade. De *lagana*, sempre no plural, a expressão se tornou *laghena*, *lachena* e enfim virou *lasagne*. Eu insisto, sempre no plural, lasanhas, pois não se faz quase nada com uma lasanha só.

Nos seus começos, faz dois milênios, se abria a massa, em Roma, com um *laganaturum*, ou lasanhador, o rolo de madeira que, ainda hoje, na Sicília, se chama *laganatturu*. Então se cortavam as placas em lâminas menores, quadrados ou losangos, que se cozinhavam em caldo de vegetais ou de carnes e se ofereciam, como entrada, nos banquetes dos Césares. A construção do prato em camadas e recheios data da metade do século 16, em Bologna, quando os cozinheiros emilianos resolveram intervalar as placas com um molho batizado de *balsamella*, à base de manteiga, farinha, leite e especiarias, particularmente a aromatizante noz-moscada.

Mais tarde, por volta de 1720, nos arredores de Tràpani, de novo a Sicília, as mulheres dos pescadores e dos carreteiros locais idealizam uma alquimia magistral, o *ammogghiu trapanisi*, que preparavam com antecedência e apenas aqueciam no retorno de seus maridos bem à noitinha, depois da colheita no mar e da distribuição de seu resultado aos entrepostos da região. Untava-se uma terrina grande com azeite e se montavam então as camadas de massa e de uma mistura de tomates filetados, alho esmagadinho, sal, manjericão, eventualmente anchovas ou atum. À chegada dos esposos, bastava enfornar a preciosidade, que se devorava comunitariamente.

No final do mesmo século 18, os mestres-cucas de Bologna desenvolveram uma outra combinação monumental, as lâminas de massa, esverdeadas pela intromissão de espinafres e entremeadas por um molho de carne moidinha, a *balsamella* e fatias de *mozzarella* – que se derretiam no calor e concediam ao conjunto uma sensualidade estelar. Dessa formulação brotariam centenas de versões invariavelmente capitosas. Hoje, vale tudo num prato de lasanhas, das vegetarianas àquelas perpetradas com patês de pescados e de crustáceos. Existem, inclusive, as lasanhas doces, com frutas e cremes em geral. Eternamente, porém, lasanhas no plural.

Laganelle, ou *laganette*, ou ainda *lasagnette*, são delícias diminutivas, com lâminas mais estreitas do que as placas de antologia. Usam-se em caldos e em sopas, principalmente naqueles que levam feijões, favas ou grãos-de-bico. Quanto às lasanhas *festonate*, ostentam cinco ou seis centímetros de largura e exibem um lado liso e o outro encrespado, em festões, ou em plissados, um fricote de apresentação sem outra função além da decorativa. As *reginelle* são *festonate* nas duas bordas e, sinceramente, mais atrapalham do que facilitam a operação de cozimento.

LINGUINE
Ou = Bavette, Bavettine, Lingue-di-Pàssero

Bambinas mais delicadas da família dos talharins, as *linguine* ostentam as tirinhas e as fitinhas mais delgadas e mais sutis de toda a prodigiosa categoria das massas alimentares. Apesar do progresso da tecnologia em seu setor, tristemente estão sumindo do mercado. Extremamente sensíveis, quebram-se com enorme desfaçatez e as indústrias de massas, obviamente, não querem correr o risco da acumulação das reclamações. Claro, a expressão significa lingüinhas. *Bavette* e *bavettine* representam as suas traduções num dos dialetos da província da Ligúria.

ORECCHIETTE
Ou = Orecchie-di-Prete, Orecchini, Recchie, Recchietelle, Ricchielle

Mais uma classe macarrônica de inspiração na anatomia, aquela das *orecchiette*, ou orelhinhas, existe na gastronomia desde a Sicília do século 14.

A sua origem, todavia, é levantina, ao menos no folclore e na lenda. Aliás, folclore e lenda grosseira e desabusadamente racistas.

Conta a Bíblia que um rei da Pérsia, de nome Assuero, ordenou ao seu conselheiro militar, um certo Amman, que exterminasse os hebreus do universo. Obviamente, Amman fracassou na empreitada e acabou na forca. Por vingança, os hebreus batizaram um biscoitinho, arredondado e côncavo, de orelha-de-Amman. Mais tarde, levada ao miolo do Mediterrâneo pelos comerciantes da Fenícia, a forma foi rebatizada de *oricchia-di-ebreo* ou *oricchia-di-giudeo*.

Na Sicília do século 17, então embriagada por uma epidemia de anticlericalismo, a massa se tornou *orecchia-di-prete*, ou orelha de padre. Depois, ao invadir a Bota pelo seu calcanhar, a região da Puglia, adquiriu um apelido genérico e plural, *orecchiette*, com todas as suas corruptelas locais, dos *orecchini* às *ricchielle*. Trata-se de um composto simplérrimo, de farinha de grão duro, preferivelmente a sêmola, água e mais nada, no formato de uma calota.

As *orecchiette* de verdade se fazem artesanalmente, à mão – uma não deve e não pode, jamais, ser igual a qualquer outra. Na irregularidade estão o seu segredo e o seu charme. Comem-se de preferência em molhos densos e vigorosos, como aqueles de tomates e lingüiça.

PAPPARDELLE
Ou = Papardele, Paparele

Quase não se encontram no Brasil as *pappardelle* autênticas e originais. Afinal, tais majestades só merecem o nome quando cometidas, mesmo, artesanalmente, irregulares na espessura e na largura. Para realizá-las, basta abrir a massa sobre uma superfície qualquer e cortá-la, aleatoriamente, rapidamente, em fitas longas, sem nenhuma preocupação com a coerência ou com a elegância do desenho. De raiz toscana, século 16, as *pappardelle* se combinam magicamente com os molhos rústicos, à base de caças, como o coelho ou o pato.

A história de seu nome é magistral. Brotou do bom humor de uma menina preciosa de apenas catorze anos de idade, Catarina dei Medicis (1519-1589), prometida ao futuro rei Henrique IV da França. Em 1533, com uma comitiva descomunal, Catarina partiu de Florença no rumo de Paris, levando em sua bagagem um batalhão de cozinheiros, patisseiros, sorveteiros, toneladas de alcachofras e de berinjelas, partilhas de orégano e de cebolinhas calabresas.

No meio do caminho, na Provença, em Nice, numa das paradas da viagem, Catarina ofereceu um banquete aos seus hospedeiros locais, parentes e amigos de Henrique. O prato básico da festança: as tais das fitas de massa com o seu rude molho de carne de lebre. Um dos anfitriões decidiu elogiar a comida com uma interjeição dialetal: *"Pappard!"*. Velozmente, agudamente, Catarina italianizou o gaulês do cidadão: *"Pappard! Non: pappardelle!"*

O nome pegou e a receita se transformou num grande sucesso na corte de Henrique, a quem Catarina concederia dez herdeiros. Depois, com certeza para eliminar quaisquer resquícios de francesismo do nome, alguns historiadores peninsulares resolveram eliminar as consoantes dobradas da palavra. Ainda hoje, muita gente na Bota prefere escrever, simplesmente, *papardele*. Ou mesmo *paparele*, como o corte sobrevive no Norte, entre o Friuli e o Vêneto.

PENNE
Ou = Garganelli, Maltagliati

As *penne* obviamente provêm dos venerandos *bucatini* – os macarrões longos e furadinhos no seu miolo, de tipo já registrado e já explicado no princípio deste glossariozinho. Basta cortar os *bucatini*, chanfradamente, em pedaços menores, que se obterão as *penne*, assim batizadas por relembrarem as pontas com que os homens alfabetizados escreviam antes da invenção da caneta. Podem exibir a superfície lisa ou rajadinha – *penne liscie* ou *penne rigate*. Os *garganelli* são rolinhos de massa com entalhes opostos em vez de paralelos. Quanto aos *maltagliati,* não passam de penas artesanais, isso mesmo, mal talhadas, de cortes e de tamanhos irregulares. Hoje, a indústria da massa propõe dezenas de tipos diferentes de penas, inclusive as multicoloridas.

RAVIOLI
Ou = Gobbein, Panciuti, Pansòuti, Raviêux, Ravioux, Turtei

Que me perdoem os fanáticos italianos do Norte, supostamente os orgulhosos inventores dos *ravioli*. A iguaria, no entanto, também nasceu no Sul da Bota, na veneranda Ilha da Sicília, a mãe de tantas e tantas novidades na história da gastronomia. O termo *raviolo*, singular de *ravioli*, já fazia parte dos vocabulários meridionais dez séculos atrás, duzentos anos antes de aparecer, pela primeira vez, nos documentos da Toscana, da Emília-Romagna e da Lombardia.

Raviolo vem de *graviolo*, que vem do latino *gravis*, que significa cheio ou pesado. Nos dialetos falados da Ilha, habitualmente se comem os gês antes dos erres – e assim *grande* vira *ranni*, *grosso* se torna *rossu*, *gramigna* se transforma em *ramigna*, *graviolo* se torna *raviolo*. Por lá, inicialmente, os *ravioli* não ostentavam recheios, não passavam de círculos ou de retângulos de massa de *lasagne* que se lançavam num caldo ou numa sopa ou simplesmente se fritavam em azeite de olivas, com um toque de alho e de inúmeras especiarias. A idéia do recheio surgiu na passagem do século 12 ao século 13, ovos, queijo, ricota e as ervas de plantão.

Mercadores genoveses carregaram os *ravioli* do Sul ao Norte. Na Ligúria eles ganharam o apelido de *ravieux*. Na Lombardia, de *ravioux*. Por causa do seu aspecto rotundo, de corcova, ou *gobba*, no Piemonte se trasmudaram em *gobbein*. Em outras plagas, o seu desenho de barriguinha, ou *pancia*, *pancetta*, lhes impôs a denominação de *panciuti* ou *pansòuti*.

Dos *ravioli* em geral, eu já contei linhas atrás, nasceram os *agnolotti*, os *cappelletti* e os *tortellini*. A partir do queijo e da ricota, ao Sul, no seu périplo no Norte, o recheio ganhou a companhia das carnes em geral, da simples mortadela à mistura de várias texturas. De acordo com a tradição, os *ravioli* deveriam exibir um desenho quadrado ou, no máximo, retangular. Hoje, contudo, a exuberância da criatividade dos masseiros é capaz de produzi-los em múltiplos formatos geométricos e numa imensa gama de pesos e de dimensões.

Os *pansòuti* de Gênova são triangulares. Os *ravioux* de Milão fazem lembrar uma meia-lua. Os *turtei* da Emília-Romagna recordam as embalagens de pontas retorcidas das balas e dos bombons. Fazem-se *ravioli*, até mesmo, em duas cores. Vale tudo, quando sobra o prazer.

RIGATONI
Ou = Millerighe, Tocconi, Tortiglioni

Produtos característicos da era industrial do macarrão, impossíveis de se perpetrarem artesanalmente por causa das estrias, as *righe* da sua superfície exterior, os *rigatoni* brigam com as *penne* pelo segundo posto no consumo universal, logo depois dos *spaghetti*. Trata-se de tubos de grande calibre, em torno de até dois centímetros de diâmetro. Existem os grandes e retos, e os *tortiglioni*, retorcidos no seu eixo central. Por favor, não se confunda: eu sei que, em muitos restaurantes do Brasil, se chamam de *tortiglioni* aos parafusos. Falarei sobre isso depois.

A expressão *millerighe* quer dizer mil-riscas. Não se preocupe em contar as estrias de um *rigatono*, singular de *rigatoni*. Já fiz isso. Na média, as *righe* não passam de 48 por unidade. Quanto aos *tocconi*, já discorri sobre eles no capítulo dos *cannelloni*. Releia, se precisar.

SPAGHETTI
Ou = Bìgoli, Fidelini, Spaghettini, Torchii, Vermicelli, Vermicellini

A história que eu vou relatar não me fascina. Por isso, caso Você se incomode com a intromissão de termos eméticos, ou enojativos, num texto de gastronomia, salte já este segmento de meu relato. No máximo eu lhe concedo uma frase para meditar. Ok, Você permanece comigo. A sua curiosidade se provou mais forte do que o seu temor. Mesmo constrangido eu continuo a escrever. Necessito afirmar que a palavra *spaghetti*, nome da massa mais comum e mais saboreada no universo, é coisa recentíssima, do século 19. Antes disso, na Velha Bota quase inteirinha, o corte se chamava *vermicelli* ou *vermicellini*, vermezinhos ou vermezinhozinhos.

Filhos evidentes das *trujje* sicilianas, fios compridíssimos de massa, os *vermicelli* também se serviam quebradinhos, pedacinhos menores, dentro de sopas, para que nada se desperdiçasse. Natural, numa sociedade ainda rude e rústica, a lembrança dos vermezinhos. A rememoração se tornou ainda mais impositiva e mais forte a partir de 1480, quando um sábio da Ilha inventou um instrumento batizado de *arbitriu*, uma espécie de espremedor de massa, como o atual espremedor de batatas para purê: um cilindro de madeira, furadinho em baixo, com um pistão por cima. No *arbitriu* se fazia a massa nova mas também se recuperava a velha. Nesse caso, os fiozinhos escorriam, através dos buracos do *arbitriu*, ultra-enrodilhadinhos – vermezinhos, mesmo.

O nome só ganhou algum requinte em 1824, quando um poeta campano, Antonio Viviani, nos versos cômicos de "Li Maccheroni di Napoli", encontrou um sinônimo, ainda nada culinário. Viviani comparou o *vermicello* a um *piccolo spago* – ou, a um barbantezinho. Rapidamente os *vermicelli* se tornaram *spaghetti*. Melhor comer barbante do que...Ok, deixarei de lado. Hoje, são raríssimos os menus e as indústrias que preservam a antologia do termo *vermicelli*.

No Vêneto, tal tipo de massa é *menuei* ou *minutelli*, miúdo ou miudinho. Também no Nordeste da Bota se utiliza a expressão *bìgoli*, proveniente do seu instrumento de fabricação, um rolo finamente estriado, o *bigolaro*. Na Ligúria se prefere a expressão *fidelini*, da raiz latina *fidellus*, ou fio pequenino. No seu percurso navegante entre Gênova e a Espanha, os *fidelini* se transformaram na base de uma gloriosíssima *paella* de macarrão e crustáceos, a *fideuà*.

Quanto ao *bigolaro*, mágico instrumento, redundou num outro, comuníssimo no Sul da Bota, o *torchio*, também um rolo estriado – mais larga e mais profundamente, porém. Numa superfície qualquer se abre uma lâmina de massa, digamos, meio centímetro de espessura. Então, por cima dela, vigorosamente, se passa o *torchio*. Da operação despontam fios bem mais grossos do que o habitual, como *fusilli* sem o seu vazio interior, fios grossos e bem retorcidinhos – que se devoram em molhos espessos, pujantemente condimentados, coisas de camponês faminto.

Meu pai, Don Edoardo, era um especialista em *torchii*. Pena que eu não mais tenha o meu pai e que o *torchio* de Don Edoardo, datado do século passado, tenha-se quebrado. Saudade...

TORTIGLIONI
Ou = Eliche, Fusiddi, Fusilli, Maccarrones-a-Ferritus

Os *tortiglioni* do Sul da Bota, nenhum parentesco com os *rigatoni* retorcidos de que já falei, nasceram entre a Sicília e a Calábria, possivelmente entre os séculos 15 e 16, na esteira do sucesso dos *bucatini*. Alguém, no lugar de realizar a massa furadinha, enroladinha sobre um arame, resolveu perpetrá-la ao contrário – por fora do canudinho de metal. Surgiram, assim, os macarrões em espiral, as *eliche*, como o movimento de uma hélice. Surgiram, também, infinitas variações em torno de um mesmo tema. Eu mesmo me perco nos meandros da sua definição.

No Sul da Itália, são *fusiddi* os cortes de tal feitura, externamente ao arame. Com o arame por dentro as peças se chamam *fusilli*. Em outros pontos da Bota, no entanto, acontece exatamente o oposto. Pior, na Sardenha, que loucura, externamente ou por dentro o gênero recebe a nomenclatura de *maccarrones-a-ferritus*, ou os macarrões-no-ferro. Como escolher a massa num restaurante sem que o garçom apresente um mapa, um gráfico, com as minudências da definição? Melhor se entregar à fantasia e à imaginação de cada peculiaridade, cada região.

O sucesso dos pastifícios industriais mais complicou do que facilitou a pesquisa e a explicação. Algumas marcas batizaram de *tortiglioni* aos parafusos de plantão. Para outras são *tortiglioni* os tais *rigatoni* retorcidos. Epa! Círculo vicioso. Retornei ao meu começo. Retornei – e desisti de continuar. Apenas asseguro que adoro todas as hipóteses. Porque os parafusos, os macarrões em espiral, ou os *rigatoni* e os *tortiglioni*, se adaptam aos molhos que mais idolatro, aqueles densos, pedaçudos, que se impregnam, abençoadamente, à sua massa de parceria.

TRENETTE
Ou = Trenette Avantaggae

Você se lembra das *trujje* sicilianas, as bisavós de todas as possibilidades de macarrão da galáxia? Pois evidentemente as *trenette* da Ligúria e do Norte da Itália provêm das suas tataravós do Sul da Bota. Na Ligúria as *trenette* correspondem às massas compridas, achatadas e finas de outros lugares na pátria do macarrão. São *trenette* os talharins e as *pappardelle*, as *fettuccine* e as *tagliatelle*. Questão de regionalismo e de privilégio de batismo. Agora, típicas de Gênova, as *trenette avantaggae*, tradução *trenette* avantajadas, não se mostram necessariamente maiores do que as suas irmãs ou as suas concorrentes. Apenas se realizam em escala artenasal, à mão, irregularmente, aleatoriamente – e adoram a companhia de um molho de batatas e de vagens. De novo, discussão de regionalismo e de batismo, que não cabe num livro humilde como este.

MASSAS EM CASA: COMO FAZER, POR PURO PRAZER – AINDA QUE SEJA MAIS FÁCIL COMPRÁ-LAS PRONTAS, NUM BOM FORNECEDOR

Existem quatro maneiras de se saborear uma bela massa. A primeira delas, a mais óbvia e mais imediata, é desfrutá-la já prontinha num restaurante especializado. A segunda é comprar o produto dileto, preferivelmente importado da Itália, de trigo seríssimo de *grano duro*, em qualquer supermercado ou até mesmo numa boa padaria. A terceira é procurar uma rotisseria de qualidade, que perpetre a massa fresquinha. A quarta é solicitar os préstimos de minha mãe.

Quase todos os domingos a grande senhora, dona Helena, costuma invadir a minha casa para cometer a massa da família, a massa sagrada dos nossos encontros lancelotescos. Confesso que já não disponho da paciência indispensável a tal operação. Trabalho com comida nos outros seis dias da semana. Nos domingos, como o Criador, eu prefiro descansar, comentando o futebol da Itália e também o do Japão. Por isso eu permito, mansamente, a investida em minha cozinha da *mamma*, com a cumplicidade da minha mulher, a Vivi – e dos meus cinco filhos, que adoram a *pasta casalinga*. Bom sangue, o dos pimpolhos. Conhecem, seguramente, o seu destino.

De que se trata a tal *pasta casalinga*? Simplesmente a mesma massa fresquinha da rotisseria, só que sob uma receita artesanal, de resultado invariavelmente mais firme e mais saboroso por causa das mãos santas da fada mamãe. Uma *pasta* que exige tempo, cuidado e algum esforço. Uma *pasta*, no entanto, que transmite uma satisfação monumental.

Dona Helena vem dos tempos em que se abria a massa com as mãos, no máximo com a ajuda do *laganatturu*, o rolo de madeira dos meus antepassados. Eu me refiro ao final da década de 40, o comecinho dos anos 50. Espalhada a maravilha bem fininha num tampo de mármore devidamente *infarinato*, a mamãe usava uma espécie de gabarito, régua e esquadros de metal, para cortar os fios mais finos dos *spaghetti*, os fios mais grossos dos talharins.

Meu mágico pai, Don Edoardo, então, presenteou a *mamma* com uma maquineta manual. Eu me recordo, ainda fascinado, do tom vermelho da sua base e do prateado reluzente dos seus vários rolos de puro aço. Além de homogeneizar a massa, a maquineta talhava, ela mesma, os fios todos nos tamanhos desejados. Quando queria, por exemplo, os *ravioli*, a Dona Helena selecionava lâminas de uns dez centímetros de largura, deitava as gordas tiras numa mesa de mogno, aqui e ali depositava colheradas do recheio escolhido e, então, pausadamente, dobrava as lâminas sobre si mesmas com um gesto de ourives ou de cirurgião.

A mim cabia a complementação da iguaria – e para tanto eu dispunha de outros aparelhinhos de metal. Um era quadrado, um era retangular, um no formato de meia-lua. Cada qual ostentava um êmbolo, uma espécie de pistão, que eu comprimia sobre a massa a fim de cortá-la nos desenhos desejados. Até hoje eu guardo tais aparelhinhos numa gaveta da cozinha.

Guardo, somente, pois não necessito mais deles. Em meados dos anos 60 eu trouxe da Bota uma, direi, supermáquina, novíssima e moderníssima, milagre da tecnologia, máquina pequenininha que reproduz em casa, formidavelmente, os truques todos de uma portentosa e industrial.

Com uma vintena de trafilas diferentes, em bronze e em teflon, a máquina me permite fazer dos cabelinhos-de-anjo aos parafusos, das penas lisas aos rajadinhos *rigatoni*, da base dos *cappelletti* às placas das lasanhas que idolatro. Claro que a máquina também mistura e amalgama a massa. Desse cerimonial, porém, a Dona Helena não abdica. Ainda hoje mistura e amalgama a massa com as mãos. Diz ela, com lógica radical, que a máquina não tem a inteligência ou a sensibilidade imprescindíveis para reconhecer a textura exatinha do macarrão. Não sou louco nem ingrato. Concordo com a mamãe. Deixo que ela se divirta em minha homenagem.

E como será essa *pasta casalinga*? Nada mais elementar. Bastam um quilo de sêmola de trigo, encontrável em supermercados e em padarias, nove ovos frescos e grandes, uma pitadinha de sal – e o nosso segredo espetacular, um calicezinho de vinho branco, bem seco. Dona Helena coloca a sêmola numa terrina, sobre ela abre os ovos, espalha o sal e o vinho e então começa a mexer e a remexer, primeiro com as pontas dos dedos, depois com as mãos inteirinhas, até obter um conjunto lisinho, sem grumos e sem pelotinhas, brilhante, a se soltar da pele.

Abracadabra. Presto. Pronto. Sem mais e sem menos. Isso posto, outro segredo, é indispensável deixar que a *pasta* descanse pelo menos cinco minutozinhos, bem coberta por um pano limpo e seco. Um intervalo, digamos, suficiente para se lavarem as mãos e se fumar um cigarrinho ou sorver um gole de vinho. A massa estará prontinha para o rolo ou a maquineta. Espessura ideal? Depende do macarrão que se pretende obter. Você decida, por favor.

Em qualquer circunstância, todavia, guarde esta informação essencial. Depois de cortados os fios dos *spaghetti* ou dos talharins, depois de cometidos os parafusos ou as *penne*, dê à massa mais um tempinho de repouso e principalmente de secagem, os pedaços colocados em um outro pano pulverizado com farinha. Assim, os pedaços não se grudarão entre si.

Cozinhar a massa também é uma operação boboca, desde que se obedeça alguns preceitos cruciais. As tradições italianas pedem uma relação precisa entre a água, a massa e o sal de condimentação: 100 X 10 X 1. Não se esqueça dessa relação. Exemplifico: para cada quilo de massa, seja ela a nacional, a importada de *grano duro*, a comprada fresca em rotisseria ou a *casalinga* artesanal, use no mínimo dez litros de água e no máximo cem gramas de sal.

Coloque a água num generoso caldeirão, ao menos duas horas antes de aquecê-la, o panelão destampado. Dessa maneira, o cloro e o flúor do seu tratamento sanitário se evaporarão. Também lance o sal na água antes de esquentá-la. Se Você depositar o sal na água já fervente, irremediavelmente rebaixará a sua temperatura. Enfim, só despeje a massa na água em plena ebulição. Daí, rapidamente, com um garfo apropriado, de dentes bem compridos, mexa e remexa, vire e revire a massa, separando integralmente os seus fios ou os seus pedaços – e impedindo que eles se grudem uns nos outros. Jamais use óleo em tal procedimento. O óleo não se mistura à água. Fica na sua superfície. Óleo na água da massa é tolice – e desperdício.

Obviamente, macarrão que se preza se come firme, *al dente*, como se diz na Velha Bota. De que forma Você sabe que a massa atingiu tal ponto? De novo, elementar. Com o dente. Recolha da panela um fio ou um pedaço – e morda. Se o macarrão não estiver no ponto justo Você perceberá, em seu interior, uma camadazinha, muito tênue, de tom mais claro. Basta ir repetindo a ação, pelo sistema do erro e da nova tentativa, até chegar ao cozimento completo.

Para quase terminar, basta escorrer o macarrão. Atenção, eu escrevi escorrer. Jamais lave o macarrão debaixo da torneira. Molhá-lo depois de pronto representa uma estupidez, ou um crime. Molhá-lo significa empapá-lo de cloro e diminuir a sua temperatura, literalmente esfriá-lo. Ou, perdão, estragá-lo. Enfim, para mesmo terminar, basta casar a massa e o seu molho e servir a iguaria imediatamente, fulminantemente, sem aguardos, sem delongas e sem fricotes.

Um convidado seu está ainda na salada? Azar dele. Dane-se a salada. Macarrão à mesa. Aliás, na Itália, a massa é um *primo piatto*, um prato de entrada. Na Bota se come a salada como contorno do *secondo piatto*, o peixe ou a carne. O macarrão não espera por nada, Ok?

Nas páginas seguintes, no departamento das receitas, Você perceberá que, em muitos casos, a maioria dos casos, eu escorro a massa um pouquinho antes do justo ponto *al dente* para então salteá-la, ou terminar o seu cozimento, na caçarola de seu molho. Na verdade, eu sempre escorro a massa antes do ponto *al dente* – e eu sempre me digno a salteá-la em seu molho.

Esse procedimento, porém, exige uma certa prática profissional. Na sua residência, comece a treiná-lo com pequenas quantidades antes de ousar a experiência num jantar de cerimônia. Não corra o risco, por exemplo, de descobrir, tardiamente, que Você produziu menos molho do que precisaria – ou de constatar, dramaticamente, que utilizou uma panela menor do que deveria.

Resta falar sobre o queijo de cobertura. O parmesão raladinho. Ou o pecorino, queijo de leite de ovelhas. Ou mesmo a ricota seca. Que tipo de massa leva queijo raladinho, que tipo de massa não se presta a tal espécie de proteção? Uma regra simplérrima afirma que leva o queijo a massa que dele precise como tempero. Ou a massa cujo molho delicado não se torne rude, ou rústico, por causa da intromissão do queijo. Eu, por exemplo, não sirvo queijo com *spaghetti* em molho de camarões ou com talharins *alle vongole*. Não sou um ditador, porém. Use a sua sensibilidade na hora da decisão. Use sempre a sua fantasia e a sua imaginação.

Caso, todavia, Você queira quebrar a regra e despejar o queijo raladinho em qualquer tipo de macarrão, fique com as minhas bênçãos e este truque derradeiro. A melhor maneira de se utilizar o queijo raladinho num prato de macarrão é despejá-lo na massa ainda em pleno escorredor. Assim, o queijo pulverizado se impregnará muito melhor à massa bem quentinha.

Não conte a ninguém – mas eu sempre espalho um pouquinho de queijo em qualquer massa, ainda em pleno escorredor. Velozmente, com a ajuda de dois garfos, eu mexo e remexo a massa no queijo. O queijo se derrete, condimenta a massa. Passa à massa um gostinho diferente que intriga os meus amigos. Eu me finjo de humilde – ah, mas eu me orgulho dos elogios que recebo...

O RAGÙ DE TRADIÇÃO, TREZE RECEITAS CLÁSSICAS. E MAIS DUAS DE APOIO

Do francês antigo, a expressão *ragoût* significa acepipe ou guisado, uma espécie de ensopado, um caldo enriquecido. No italiano popularesco, por volta do século 18, a palavra se transformou em *ragù* e ganhou um significado menos genérico e muito mais profundo. Para quem vive na Bota o *ragù* é um importante molho de base, de tradição, que segue regras clássicas e não permite falcatruas. Fundamentalmente um molho para massas – que pode, no entanto, eventualmente ser utilizado em outras circunstâncias, sobre pescados e sobre carnes em geral.

Cada região da Bota ostenta o seu particular *ragù*. Para este livro eu selecionei treze alquimias, várias delas retransformáveis em outros molhos, graças à inclusão posterior de mais ingredientes. Trata-se, fique bem claro, de formulações imutáveis, que não aceitam improvisações. Todas elas foram longamente pesquisadas, investigadas, analisadas e estudadas por um organismo denominado Academia Italiana di Cucina, um comitê de sábios da gastronomia peninsular. A fim de evitar as simplificações e as modificações, a Academia se esmerou em consolidar as receitas num documento registrado num organismo oficial do país, a sua Câmara de Comércio. Na Bota, ninguém pode utilizar tais receitas sem obedecer, rigorosamente, aos ditames da Academia.

A ordem de apresentação é cronológica, em vez de alfabética. Um *ragù*, às vezes, redunda num outro. Caso, por exemplo, de quase todos aqueles que necessitam de um molho de tomates e precisam da base das bases, o Ragù Semplice alla Napoletana – datado do século 17 e, obviamente, o primeiro do grupo. Ainda: claro que todas as preparações logo abaixo discriminadas evidentemente servem, sozinhas, como parcerias para uma infinidade de cortes de macarrão. Por uma questão de preciosismo, junto com cada formulação eu proponho as massas ideais de companhia. Você, contudo, use a sua fantasia, a sua imaginação e a sua doce liberdade, Ok? Então, mergulhemos juntos na relação dos treze essenciais. Comigo, aprecie a tradição.

RAGÙ SEMPLICE ALLA NAPOLETANA

Ingredientes para cerca de um litro de molho

5 colheres de sopa de azeite de olivas. 1 cenoura pequena – micrometricamente picadinha. 4 folhas de salsão – idem. 1 cebola branca média – também. 2kg de tomates supervermelhos – bem firmes, sumarentos, pesados depois de livres das sementes e dos seus brancos internos. Alguns ramos de salsinha verde. Algumas folhinhas de manjericão. Sal. Pimenta-do-rei-no moída no momento.

Modo de fazer

Num caldeirão apropriado, aqueço o azeite. Nele, sem permitir que se dourem, conjuntamente refogo a cenoura, o salsão e a cebola. Mexo e remexo. No instante em que os vegetais começam a amolecer, agrego os tomates. Misturo e remisturo. Viro e reviro. Agrego a salsinha e o manjericão. Tampo a panela. Em fogo manso, mantenho até que os tomates se desmanchem. De vez em quando, mexo e remexo, para que nada se pregue ao fundo da panela. Passo o resultado numa peneira. Devolvo ao caldeirão. Espero uma hora. Escumo todas as gorduras que eventualmente subirem ao topo. Reaqueço. Acerto o ponto do sal e da pimenta-do-reino.

Observação

O Ragù Semplice alla Napoletana é o *sugo* mais elementar de todos e, por isso, logicamente, abençoa qualquer espécie de *pasta*, da mais sutil à mais opulenta, sem distinção.

RAGÙ RICCO ALLA NAPOLETANA

Ingredientes, para cerca de um litro de molho

5 colheres de sopa de azeite de olivas. 12 dentes de alho cortados em lasquinhas, no sentido do seu comprimento, lasquinhas quase transparentes. 1 xícara de chá de rodelinhas de cebolinha, metade com os brancos e metade com os verdes de cada hastezinha. 1 1/2 litro de Ragù Semplice alla

Napoletana. O sal necessário. A pimenta-do-reino também, mas moidinha na hora.

Modo de fazer

Num caldeirão apropriado, aqueço o azeite. Nele, sem permitir que se dourem, amolengo as lasquinhas de alho. Agrego as rodelinhas dos verdes e dos brancos de cebolinha. Amacio. Despejo um litro do Ragù Semplice alla Napoletana. Levo à fervura. Rebaixo o calor. Cozinho até que o molho se reduza a um litro. No último instante, acerto o ponto do sal e da pimenta-do-reino.

Observação

Mais pujante do que o Semplice, por causa do alho e da cebolinha, o Ragù Ricco não funciona bem como parceria das massas recheadas em geral como os *cappelletti*, os *ravioli* e os seus sucedâneos. Sozinho, o Ragù Ricco é um companheiro ideal das massas secas e longas.

RAGÙ VERACE ALLA NAPOLETANA

Ingredientes, para cerca de um litro de molho

5 colheres de sopa de azeite de olivas. 300g de músculo de boi, com a gordura bem clara e bem saudável. 1 xícara de chá de vinho tinto, bem seco. 2 litros do Ragù Semplice alla Napoletana. 1/2 xícara de chá de leite integral. Alguns dentes de cravo. 1/2 xícara de chá de uvas passas, preferivelmente as douradas – e sem caroços. Sal. Pimenta-do-reino moidinha no momento.

Modo de fazer

Num caldeirão apropriado, aqueço o azeite. Nele, deposito a carne. Sem medo, bronzeio a carne em todas as suas faces, até que ela escureça por igual. Retiro a carne. Despejo o vinho. Mexo e remexo, com uma colher de madeira, liberando todas as gordurinhas que se pregaram ao fundo da panela. Espero alguns instantes, para que o álcool do vinho se evapore. Devolvo a carne ao caldeirão. Por cima da carne, despejo os dois litros do Ragù Semplice alla Napoletana. Mexo e remexo. Levo à fervura. Rebaixo o calor. Com a panela tampada, cozinho por quinze minutos. Agrego o leite, os dentes de cravo e as uvas passas. Misturo. Sempre em calor suave, mantenho a panela tampada até que o molho se reduza a cerca de um litro. Retiro a carne. Guardo. Usarei a carne, desfiada, numa salada, ou como parceria de algum macarrão. Passo o resultado numa peneira. Devolvo ao caldeirão. Espero uma hora. Escumo todas as gorduras que eventualmente subirem ao topo. Reaqueço. Acerto, se necessário, o ponto do sal e da pimenta-do-reino.

Observação

Nada mais do que um *sugo* enriquecido pelo sabor da carne, o Ragù Verace, como o Semplice, se casa perfeitamente a qualquer tipo de macarrão, artesanal ou industrializado. Experimente.

RAGÙ RUSTICANO ALLA TRAPANISI

Ingredientes, para cerca de um litro de molho

5 colheres de sopa de azeite de olivas. A casca de uma laranja, preferivelmente bem dourada, daquelas de umbigo ou da Bahia, cortada em cabelinhos finérrimos, sem os seus brancos internos. 12 dentes de alho, esmagados num pilão. 24 folhinhas de manjericão, amassadas num pilão. 12 filés de anchovas, bem limpos e bem lavados, sem peles e sem espinhas, amassados num pilão. Perto de 1 1/2 litro do Ragù Semplice alla Napoletana. Sal. Pimenta-do-reino, moída na hora.

Modo de fazer

Num caldeirão apropriado, aqueço o azeite. Nele, deposito os cabelinhos de laranja, o alho, o manjericão e as anchovas. Com uma colher de madeira, dissolvo as anchovas no azeite. Incorporo o Ragù Semplice alla Napoletana. Misturo e remisturo. Mantenho, virando e revirando, até que o conjunto absorva o paladar da laranja, do alho, do manjericão e das anchovas. Retiro. Passo o resultado numa peneira. Devolvo ao caldeirão. Espero uma hora. Escumo todas as gorduras que eventualmente subirem ao topo. Reaqueço. Acerto o ponto do sal e da pimenta-do-reino.

Observação

Claro que, pelas suas peculiaridades e pelo seu contraste de sabor entre a laranja e as anchovas, o Ragù Rusticano alla Trapanisi não se adapta a nenhuma das massas recheadas. Deve ser oferecido, primordialmente, com os macarrões em fios, com as *penne* e os parafusos.

RAGÙ SICILIANO CON LE SARDE

Ingredientes, para cerca de um litro de molho

5 colheres de sopa de azeite de olivas. 150g de azeitonas verdes, sem caroços, ultrapicadinhas. 1 litro de Ragù Semplice alla Napoletana. 300g de filés de sardinhas, sem as peles e sem as espinhas, apenas desmanchadinhos com a ponta de um garfo. Pimenta-do-reino moída na hora.

Modo de fazer

Num caldeirão apropriado, aqueço o azeite. Nele, deposito as azeitonas. Passo o seu gosto ao azeite. Incorporo o Ragù Semplice alla Napoletana. Levo à fervura. Rebaixo o calor. Agrego as sardinhas. Mexo e remexo. Misturo e remisturo. Aqueço. Acerto o ponto da pimenta-do-reino.

Observação

Molhos pedaçudinhos, como o Ragù Siciliano con Le Sarde, se matrimoniam sossegadamente aos macarrões em fios – mas se sentem melhor com os cortes menores, como as *penne rigate*. Claro que não devem ser depositados, jamais, sobre as massas recheadas em geral.

RAGÙ SICILIANO CON IL TONNO

Ingredientes, para cerca de um litro de molho

5 colheres de sopa de azeite de olivas. 150g

de azeitonas pretas, sem caroços, ultrapicadinhas. 1 litro de Ragù Semplice alla Napoletana. 600g de atum, sólido, conservado no seu líquido natural, apenas desmanchadinho com a ponta de um garfo. Pimenta-do-reino, moída na hora.

Modo de fazer

Num caldeirão apropriado, aqueço o azeite. Nele, deposito as azeitonas. Passo o seu gosto ao azeite. Incorporo o Ragù Semplice alla Napoletana. Levo à fervura. Rebaixo o calor. Agrego o atum. Mexo e remexo. Misturo e remisturo. Aqueço. Acerto o ponto da pimenta-do-reino.

Observação

Molhos pedaçudinhos, como o Ragù Siciliano con il Tonno, se matrimoniam sossegadamente aos macarrões em fios – mas se sentem melhor com os cortes menores, como as *penne rigate*. Claro que não devem ser depositados, jamais, sobre as massas recheadas em geral.

RAGÙ ABRUZZESE COI GAMBERI

Ingredientes, para cerca de um litro de molho

5 colheres de sopa de azeite de olivas. As cabeças e as carapaças de 500g de camarões gigantes. 1/2 xícara de chá de conhaque. 1/2 xícara de chá de vinho branco bem seco. 1 1/2 litro de Ragù Ricco alla Napoletana. Salsinha verde, bem batidinha. Sal. Pimenta-do-reino moída na hora.

Modo de fazer

Num caldeirão apropriado, aqueço o azeite. Nele, deposito as cabeças e as carapaças dos camarões. Mexo e remexo, até que as cascas dos crustáceos se mostrem bem vermelhas, o seu aroma bem marcante. Agrego o conhaque. Inflamo o conhaque, toco fogo no seu álcool (realizo tal proeza com um espetinho de madeira em plena chama). Depois de alguns instantes, apago o fogo com o vinho branco. Mexo e remexo. Despejo o Ragù Ricco alla Napoletana. Misturo e remisturo. Levo à ebulição. Rebaixo o calor. Mantenho, por quinze minutos. Retiro. Passo o resultado numa peneira. Devolvo ao caldeirão. Espero uma hora. Escumo todas as gorduras que eventualmente subirem ao topo. Reaqueço. Reduzo o molho a um litro. Pulverizo com abundante salsinha verde, bem picadinha. No último instante, acerto o ponto do sal e da pimenta-do-reino.

Observação

Bem definido, marcante, o Ragù Abruzzese deve ser utilizado como veículo para o cozimento de frutos-do-mar em geral – principalmente moluscos e crustáceos, ostras, *vongole*, mexilhões, lulas, polvos, camarões e lagostas. Participa, mais preciosamente, dos pratos com as massas longas.

RAGÙ TOSCANO CON IL CONIGLIO

Ingredientes, para cerca de um litro de molho

5 colheres de sopa de azeite de olivas. Os ossos e as peles internas da carcaça de um coe-

lho. Alguns ramos de alecrim. 500g de carne desfiada de coelho. 1/2 xícara de chá de vinho branco, bem seco. 1 1/2 litro de Ragù Semplice alla Napoletana. Sal. Pimenta-do-reino, moída na hora.

Modo de fazer

Num caldeirão apropriado, aqueço o azeite. Nele, deposito os ossos e as peles internas da carcaça de um coelho. Mexo e remexo. Agrego alguns ramos de alecrim. Misturo e remisturo. No momento em que os aromas começam a subir ao meu nariz, incorporo a carne desfiada de coelho. Rapidamente refogo. Despejo o Ragù Semplice alla Napoletana. Levo à fervura. Mantenho, até que o molho se reduza a um litro. Acerto o ponto do sal e da pimenta-do-reino.

Observação

Caso raro de um molho pedaçudo de diversas utilidades. Ideal para as *pappardelle* características da sua região de origem, o Ragù Toscano se casa muito bem com qualquer espécie de *pasta lunga* mas também combina com as *penne*, os parafusos, os *rigatoni* e inclusive as massas de recheios mais delicados, na família dos vegetais, dos queijos e da ricota.

RAGÙ SEMPLICE ALLA CALABRESE

Ingredientes, para cerca de um litro de molho

5 colheres de sopa de azeite de olivas. 500g de lingüiça calabresa picante, curada, cortada em rodelinhas bem fininhas. 1 1/2 litro de Ragù Semplice alla Napoletana. 2 xícaras de chá de tirinhas de erva-doce, cortadas na direção horizontal das folhas, contra os seus fios internos. Sal. Pimenta-do-reino moída no momento. Pimenta vermelha, fresca, tipo dedo-de-moça, batidinha, a gosto.

Modo de fazer

Num caldeirão apropriado, aqueço o azeite. Nele, deposito as rodelinhas de lingüiça. Mexo e remexo, até que elas se engruvinhem. Incorporo o Ragù Semplice alla Napoletana. Misturo. Levo à fervura. Agrego a erva-doce. Rebaixo o calor. Cozinho, até que o volume se reduza a um litro. Acerto o ponto do sal e da pimenta-do-reino. A gosto, tempero com a pimenta vermelha.

Observação

Ostensivamente forte, o Ragù Semplice alla Calabrese prefere as massas mais vigorosas, como os *fusilli*, os *gnocchi*, as *orecchiette* e os *rigatoni*. Não se envergonha, todavia, por abençoar os *spaghetti* ou os talharins e seus correlatos, assim como os parafusos e as *penne* em geral.

RAGÙ RICCO ALLA CALABRESE

Ingredientes, para cerca de um litro de molho

5 colheres de sopa de azeite de olivas. 250g de lingüiça calabresa picante, curada, moidinha e sem gorduras. 250g de patinho de boi, moidinho e sem gorduras. 1 xícara de chá de vinho tinto, bem seco. 1/2 xícara de chá de folhinhas fresquinhas de alecrim. 1 1/2 litro de Ragù Semplice alla

Napoletana. Sal. Pimenta-do-reino, moída na hora. Pimenta vermelha, picada, a gosto.

Modo de fazer

Num caldeirão apropriado, aqueço o azeite. Nele, deposito a lingüiça moidinha. Refogo, virando e revirando, para que a lingüiça não grude no fundo. Agrego a carne de boi. Misturo. No momento em que o patinho já se mostra douradinho, despejo o vinho tinto. Mexo, até que o álcool do vinho se evapore. Agrego o alecrim. Misturo e remisturo. Incorporo o Ragù. Levo à fervura. Rebaixo o calor. Panela tampada, mantenho, até reduzir o conjunto a quase um litro. Acerto o ponto do sal e da pimenta-do-reino. Tempero, a gosto, com a pimentinha vermelha, bem picadinha.

Observação

Ostensivamente forte, o Ragù Ricco alla Calabrese prefere as massas mais vigorosas, como os *fusilli*, os *gnocchi*, as *orecchiette* e os *rigatoni*. Não se envergonha, todavia, por abençoar os *spaghetti* ou os talharins e seus correlatos, assim como os parafusos e as *penne* em geral.

RAGÙ VERO ALLA PERUGINA

Ingredientes, para cerca de um litro de molho

5 colheres de sopa de azeite de olivas. 2 xícaras de chá de tirinhas de presunto cru, sem gorduras, 1 xícara de chá de vinho tinto, bem seco. 1 litro de Ragù Verace alla Napoletana. 1 xícara de chá de bom patê de fígado de ganso ou de pato. 1 xícara de chá de lascas de azeitonas pretas. 1 xícara de chá de alcaparras bem lavadas e bem dessalgadas. Pitadinhas de açúcar.

Modo de fazer

Num caldeirão apropriado, aqueço o azeite. Nele, refogo o presunto, mexendo e remexendo, até que as tirinhas mudem de cor. Sobre elas, derramo o vinho tinto. Levo à fervura. Evaporo o álcool. Incorporo o Ragù Verace alla Napoletana. Retomo a fervura. No Ragù, dissolvo o patê, Misturo e remisturo. Recupero o calor. Rebaixo o fogo. Agrego as azeitonas e as alcaparras. Misturo e remisturo. Experimento. Arredondo o paladar, se necessário, com o açúcar.

Observação

Embora ostensivamente vigoroso, o Ragù Vero alla Perugina, por causa da sua raiz, nasceu para valorizar as massas recheadas, dos *cappelletti* aos *ravioli*, passando por todas as variações em tal departamento da gastronomia das massas. Também vale, todavia, na cobertura de outros macarrões imponentes, como os *bucatini*, os *fusilli*, os parafusos, as *penne* e os *rigatoni*. Vale inclusive para qualquer corte bem denso da família dos *gnocchi* ou dos *malloreddus*.

RAGÙ VERO ALLA BOLOGNESE

Ingredientes, para cerca de um litro de molho

10 colheres de sopa de azeite de olivas. 200g de toicinho fresco, bem picadinho. 600g de patinho de boi, sem gorduras, bem picadinho. 1 xícara de chá de vinho branco, seco. 1 1/2 litro de Ragù Semplice alla Napoletana. 1 xícara de chá de leite. Sal. Pimenta-do-reino, moída na hora.

Modo de fazer

Num caldeirão apropriado, aqueço o azeite. Nele, derreto o toicinho, sem permitir que se queime. Agrego a carne de boi. Refogo, até que mude de coloração, misturando sem parar. Despejo o vinho. Misturo e remisturo. Só então eu tempero a carne com o sal e com a pimenta-do-reino. Incorporo o Ragù Semplice alla Napoletana. Mexo e remexo. Levo à fervura. Rebaixo o calor. Mantenho, até que o resultado se reduza ao equivalente a um litro. Acrescento o leite. Mexo e remexo. De novo, em chama suave, reduzo. Acerto o ponto do sal e da pimenta-do-reino.

Observação

Molho perfeito, inimitável, que abençoa qualquer tipo de massa – inclusive o simples pão.

RAGÙ DEL BRASATO

Ingredientes, para cerca de um litro de molho

5 colheres de sopa de azeite de olivas. 1 picanha de boi, cerca de 1,3kg de peso. 1 litro de vinho tinto, bem seco. 2 litros de *Ragù Ricco alla Napoletana*. Sal. Pimenta-do-reino, moída na hora.

Modo de fazer

Num caldeirão apropriado, aqueço o azeite. Nele, deposito a carne. Sem medo, bronzeio a carne em todas as suas faces, até que ela se escureça por igual. Retiro a carne. Despejo o vinho. Mexo e remexo, com uma colher de madeira, liberando todas as gordurinhas que se pregaram ao fundo da panela. Espero alguns instantes, para que o álcool do vinho se evapore. Devolvo a carne ao caldeirão. Por cima da carne, despejo o Ragù Ricco alla Napoletana. Misturo e remisturo. Levo à fervura. Em fogo lentíssimo, cozinho até que toda a carne se mostre bem esfacelada, como se fosse moída. Durante a operação, mexo e remexo, de vez em quando, para impedir que a carne se grude no fundo da panela e se queime. Também me preocupo em permanentemente escumar todas as gordurinhas que subirem ao topo do molho. Reduzo tudo a cerca de um litro. O resultado do Ragù del Brasato é um molho ultradenso, bem pedaçudo, mais carne do que tomates. No derradeiro instante, acerto, se necessário, o ponto do sal e da pimenta-do-reino.

Observação

O mais pedaçudo e instigante dos molhos de base. Tão instigante que muitas alquimias, de outros compêndios, não este, preferem exibi-lo de maneira diluída, em diversos molhos. Pessoalmente, eu adoro comer *agnolotti*, *cappelletti*, *ravioli* ou mesmo *gnocchi* e *orecchiette*, no Ragù del

Brasato. Aliás, juro que o Brasato é maravilhoso inclusive com os simples *spaghetti*.

Isso posto, para o seu devido deleite, a seguir eu transmito as formulações de mais dois molhos fundamentais de base e de apoio a outras alquimias.

MOLHO BÉCHAMEL

Ingredientes, para cerca de um litro de molho

100g de manteiga sem sal. 1 colher de sopa de cebola branca, bem batida em liquidificador e triplamente peneirada. 80g de farinha de trigo triplamente peneirada. 1 litro de leite quente. Nozmoscada. Sal. Pitadinhas de pimenta-branca, preferivelmente a moidinha no momento.

Modo de fazer

Num caldeirão apropriado, derreto a manteiga. Nela, meigamente, murcho a cebola. Não permito que a cebola, em hipótese nenhuma, chegue a dourar. Acrescento a farinha. Mexo por alguns segundos, amalgamando a farinha à manteiga e à cebola, sem permitir que o conjunto empelote ou crie grumos. Então, pouco a pouco, começo a despejar o leite. Misturo e remisturo muito bem, homogeneizando a textura. Tempero com a nozmoscada, o sal e a pimentinha branca. Levo à ebulição. Rebaixo o calor e continuo o cozimento por quinze minutos. Passo o molho numa peneira, três vezes ao menos. Espero que se resfrie. Guardo nos baixos da geladeira.

MOLHO BRANCO

Ingredientes, para cerca de um litro de molho

50g de manteiga sem sal. 50g de farinha de trigo triplamente temperada. 1/2 litro de caldo de galinha bem leve, bem filtrado e bem quente. 1/2 litro de leite quente. Mais 100g de manteiga, previamente derretida e, com a ajuda de uma escumadeira, livre dos brancos que subirem ao seu topo. 1 macinho de salsinha verde. Noz-moscada. Sal. Pimenta-branca, moída no momento.

Modo de fazer

Num caldeirão apropriado, em fogo brando, derreto as primeiras 50g de manteiga. Acrescento a farinha. Mexo por alguns segundos, amalgamando a farinha à manteiga, sem permitir que o conjunto empelote ou crie grumos – e sem permitir que mude de cor. Então, pouco a pouco, começo a despejar o caldo de galinha. Misturo e remisturo muito bem, homogeneizando a textura. Incorporo o leite. Misturo e remisturo, homogeneizando muito bem. Adiciono a manteiga derretida e a salsinha. Tempero com a noz-moscada, o sal e a pimentinha branca. Levo à ebulição. Rebaixo o calor e continuo o cozimento por quinze minutos. Elimino o macinho de salsa. Passo o molho numa peneira, três vezes ao menos. Espero que se resfrie. Guardo nos baixos da geladeira.

SALADAS COM MACARRÃO, SETE PRECIOSIDADES ULTRALEVES E REFRESCANTES

Cozida corretamente, uma boa massa seca, em particular aquela proveniente do trigo duro ou da farinha especial, sem dúvida preserva e sustenta o seu desenho e a sua textura mesmo depois de se resfriar. Melhor, em tal caso, a boa massa se transforma num ingrediente precioso das entradas e das saladas em geral. O seu processo de preparação é idêntico ao de qualquer outro tipo de macarrão. Não se esqueça da relação: para cada quilo de massa, no mínimo dez litros de água já fervente e já salgada, antecipadamente, com cerca de cem gramas de sal.

O macarrão para saladas é o único que eu, digamos assim, lavo depois de escorrer. Lavo? Na verdade eu literalmente mergulho a massa prontinha numa bacia com água bem fresca, declorada e bem geladinha. O choque térmico subitamente contrai o colóide interior de partículas de glúten, a rede microscópica que aprisiona o amido e dá elasticidade ao macarrão. Daí, basta esperar que a massa retorne à temperatura ambiente para temperá-la como convém. Neste capítulo do meu livreto eu proponho sete saladas com macarrão. Espero que elas inspirem a sua imaginação. Varie os ingredientes, varie os gêneros de massa. Use a sua fantasia. Cozinha é paixão.

SALADA CAPRESE DE PARAFUSOS E RÚCULA

Ingredientes, para quatro pessoas

500g de parafusos já cozidos, já resfriados e já escorridos. 8 colheres de sopa de azeite de olivas. Sal. Pimenta-do-reino, preferivelmente a moidinha no momento. 2 colheres de sopa de vinagre de vinho tinto, preferivelmente o balsâmico. 4 tomatões bem grandes, bem vermelhos, do tipo caqui, sem as sementes e sem os seus brancos internos, as suas polpas cortadas em filezinhos do tamanho dos parafusos. 8 pelotinhas de mozzarella de leite de búfala, cortadas em oitavos. 24 folhas de rúcula, cortadas em tirinhas. 32 folhinhas bem fresquinhas de manjericão.

Modo de fazer

Numa terrina funda, virando e revirando muito bem, emulsiono o azeite, o sal, a pimenta-do-reino e o vinagre balsâmico. Coloco os tomates, a *mozzarella*, as tirinhas de rúcula e as folhinhas de manjericão. Salteio e ressalteio. Deixo que os ingredientes descansem no molho por cinco minutozinhos. Incorporo a massa. Salteio e ressalteio. Espero mais cinco minutos antes de servir.

SALADA BOSCAIOLA DE GRAVATINHAS E COGUMELOS

Ingredientes, para quatro pessoas

500g de gravatinhas já cozidas, já resfriadas e já escorridas. 200g de champignons, obrigatoriamente frescos, cortados em quartos. 200g de cogumelos japoneses, do tipo shiitake, cortados em tiras de um centímetro de espessura. 100g de grãos frescos de ervilhas. 4 colheres de sopa de azeite de olivas normal. 8 colheres de sopa de azeite de olivas, extravirgem. Sal. Pimenta-do-reino, preferivelmente a moidinha no momento. 4 colheres de sopa de vinagre balsâmico. 2 colheres de sopa de sergurelha desidratada. 4 colheres de sopa de salsinha verde, micrometricamente batidinha. As polpas de dois tomates bem vermelhos, cortadas em dadinhos.

Modo de fazer

Forro uma panela com o azeite de oliva normal. Coloco os champignons e os *shiitake*. Tempero com sal e com pimenta-do-reino. Mexo e remexo, viro e reviro. Tampo a panela. Levo ao fogo manso, por cerca de três, quatro minutos, até que os cogumelos comecem a transpirar. Apago a chama. Sem retirar a tampa, espero que os cogumelos retornem à temperatura ambiente. Escorro. Numa terrina funda, virando e revirando muito bem, emulsiono o azeite, o sal, a pimenta-do-reino e o vinagre balsâmico. Coloco os champignons, os *shiitake* e as ervilhas. Misturo e remisturo, com enorme delicadeza. Agrego a segurelha e a salsinha. Mexo e remexo. Incorporo as gravatinhas e os dadinhos de tomate. Misturo e remisturo. Espero cinco minutos antes de servir.

SALADA CAPONATA DE ORECCHIETTE

Ingredientes, para quatro pessoas

500g de orecchiette *já cozidas, já resfriadas e já escorridas. 2 berinjelas, cortadas em cubos grandes, com as cascas. 1 abobrinha, cortada em cubos grandes, com as cascas. 1 cebola branca, bem grande, cortada em gomos. 1 pimentão vermelho, sem as sementes e sem os brancos internos, cortado em tiras de 2cm de largura. 1 pimentão verde, idem. 1 pimentão amarelo, idem. 750ml de vinagre de vinho branco. 750g de açúcar. 1 xícara de chá de azeitonas pretas, sem caroços. 1 xícara de chá de uvas passas, das douradas, sem caroços. 1 xícara de chá de nozes, descascadas. Azeite de olivas, preferivelmente o extravirgem. Pitadas de orégano.*

Modo de fazer

Num caldeirão bem grande, levo o vinagre à fervura. Incorporo o açúcar. Mexo e remexo, dissolvo e redissolvo. Coloco as berinjelas, a abobrinha, a cebola e os pimentões. Viro e reviro. Tampo a panela. Cozinho, suavemente, até o momento em que percebo as berinjelas bem macias. Apago o fogo. Destampo. Espero que os legumes voltem à temperatura ambiente. Escorro. Numa terrina funda, combino os legumes e as *orecchiette*. Incorporo as azeitonas, as uvas passas e as nozes. Misturo e remisturo. Banho, a gosto, com o azeite. Tempero com o orégano.

SALADA AUDACIOSA DE RIGATONI, ATUM E MANGAS

Ingredientes, para quatro pessoas

500g de rigatoni *já cozidos, já resfriados e já escorridos. 150g de atum sólido, verdadeiro, bem rosado, natural, conservado em seu líquido essencial. 50g de azeitonas pretas, sem caroços, cortadas em pneuzinhos. 50g de alcaparras, bem lavadas e bem escorridas. 50g de amêndoas em lasquinhas, previamente tostadinhas. 50g de dadinhos de polpa de tomates. 150g de palitinhos de manga bem madura. 6 colheres de sopa de azeite de olivas, extravirgem. 2 colheres de sopa de vinagre balsâmico. 2 colheres de sopa de suco de laranja. Sal. Pimenta-do-reino, moída no momento. Orégano. 4 colheres de sopa de salsinha verde, micrometricamente batidinha.*

Modo de fazer

Numa terrina funda, virando e revirando muito bem, emulsiono o azeite, o vinagre, o sal e a pimenta-do-reino. Agrego as azeitonas, as alcaparras, os dadinhos de polpa de tomates e os palitinhos de manga. Misturo e remisturo. Incorporo os *rigatoni*, o atum e as amêndoas. Mexo e remexo com o máximo de ternura. Tempero com o orégano. Espalho a salsinha verde. Sempre mansamente, misturo e remisturo. Guardo na geladeira por dez minutos, antes de servir.

SALADA KANIKAMA DE PENAS LISAS, CARANGUEJO E FRUTAS

Ingredientes, para quatro pessoas

500g de penas lisas já cozidas, já resfriadas e já escorridas. 250g de garras de caranguejo kanikama, encontrável nas boas peixarias ou nas lojas de produtos importados, cortadas em fiozinhos superdelicados, da espessura de um palito. 250g de pelotinhas pequenininhas de frutas várias, por exemplo o mamão-papaya, a manga, a melancia, o melão-da-amazônia e o melão-dourado. 4 folhas de alface. 6 folhas de escarola. Um punhado de folhas de agrião. 6 colheres de sopa de azeite de olivas. 2 colheres de sopa de vinagre de vinho branco. Sal.

Modo de fazer

Enrolo todas as folhas verdes, as maiores por cima das menores. Com uma faca bem afiada, corto, transversalmente, produzindo um batalhão de tirinhas. Numa terrina funda, virando e revirando muito bem, emulsiono o azeite, o vinagre e o sal. Agrego os verdes ao molho. Salteio e ressalteio. Incorporo as penas, as garras de caranguejo e as frutas. Meigamente, viro e reviro, homogeneizando os ingredientes da salada. Guardo na geladeira por dez minutos, antes de servir.

SALADA CLÁSSICA DE PENAS RAJADAS, PRESUNTO CRU E MELÃO

Ingredientes, para quatro pessoas

500g de penas rajadas *já cozidas, já resfriadas e já escorridas. 200g de pelotinhas pequenininhas de melão dourado. Uma xícara de chá de vinho do tipo Madeira ou Marsala, meio doce. 200g de presunto cozido, já fatiado, praticamente sem gorduras. 1/2 xícara de chá de tirinhas bem delicadas de erva-doce ou funcho. 6 colheres de sopa de azeite de olivas. 2 colheres de sopa de vinagre balsâmico. Sal. Pimenta-do-reino. 1/2 xícara de chá de folhas de hortelã, bem batidinhas.*

Modo de fazer

Numa terrina de tamanho apropriado, banho as pelotinhas de melão no Madeira ou Marsala. Reservo nos baixos da geladeira, virando e revirando de vez em quando. Enrolo todas as lâminas de presunto cru. Com uma faca bem afiada, à maneira de um rocambole, produzo fitinhas de presunto com meio centímetro de espessura. Pacientemente, separo todas as tirinhas, cuidando para que elas não se rompam. Retiro o melão da geladeira. Noutra terrina, bem mais funda, coloco as penas. Sobre elas, espalho o líquido do banho do melão. Salteio e ressalteio por cerca de um minutozinho. Numa terceira terrina, virando e revirando muito bem, emulsiono o azeite, o vinagre, o sal e a pimenta-do-reino. Incorporo as tirinhas de erva-doce. Mexo e remexo. Escorro as penas, eliminando o líquido do seu banho. Combino as penas, as pelotinhas de melão, as fitinhas de presunto, as tirinhas de erva-doce, o seu molho de azeite e a hortelã. Misturo e remisturo com o máximo de delicadeza. Guardo na geladeira por dez minutos, antes de servir.

SALADA MAYONNAISE DE FRANGO E AVEMARIAS

Ingredientes, para quatro pessoas

500g de avemarias *já cozidas, já resfriadas e já escorridas. 4 robustos peitos de frango, limpos, cortados em cubinhos, do tamanho das* avemarias*. Sumo de laranjas. Sumo de limão. Sal. Pimenta-do-reino, moidinha no momento. 8 gemas de ovos. 4 colheres de chá de vinagre de vinho branco. 2 colheres de chá de estragão desidratado. Azeite de olivas. 1 xícara de chá de cubinhos de maçã verde, sem a casca. 1 xícara de chá de cubinhos de pêra dura, sem a casca. 1 xícara de chá de pepinos em conserva, bem picadinhos. 1 pimentão vermelho, sem as sementes e sem os brancos internos, em minidadinhos. 1 xícara de chá de dadinhos de presunto cozido, magro.*

Modo de fazer

Numa terrina funda, espalho os cubinhos de frango. Banho com os sumos de laranjas e de limão. Mexo e remexo. Tempero com o sal e com a pimenta-do-reino. Espero cinco minutos. Então, rapidamente, refogo os cubinhos de frango num pouco de azeite, sem permitir que eles se dourem. Escorro. Devolvo aos sucos. Reservo. Noutra terrina, de vidro ou de porcelana, com uma colher de madeira, desmancho completamente as oito gemas. Tempero com o sal e com a pimenta-do-reino. Agrego o vinagre e o estragão. Aos poucos, lentamente, começo a despejar o azeite sobre as gemas, misturando e remisturando, sempre na mesma direção, com um batedor de fios de arame. Não paro de virar e de revirar, sempre na mesma direção, até que as gemas e o azeite, devidamente emulsionados, adquiram a textura bem espessa e bem cremosa de uma maionese artesanal. Incorporo o frango, as frutas, os pepinos, o pimentão e o presunto. Misturo e remisturo. Levo à geladeira por uma hora. Retiro. Acerto o ponto dos temperos. Incorporo as *avemarias*.

Sopas com macarrão, três maravilhas felizmente imortais.

Já não se fazem mais sopas como antigamente. Aliás, já não se fazem mais sopas, mesmo. Este livreto, no entanto, ousa se arvorar em defensor do passado e da tradição – e gostosamente recupera as receitas de três sopas de antologia com o macarrão. Assuma comigo a causa da preservação. A partir dos conceitos de ambas, claro, invente as suas próprias formulações.

CAPPELLETTI IN BRODO

Ingredientes, para quatro pessoas

900g de músculo de boi, absolutamente sem nenhum traço de gordura. 3 litros de água fria. 100g de sal. Mais 300g de carne bem magra de boi, absolutamente sem nenhum traço de gordura, triturada à ponta de faca. 1 cenoura, micrometricamente picadinha. 1 folha de salsão, idem. 2 talos de alho-poró, em rodelinhas. 1/2 pimentão verde, sem as sementes e sem os seus brancos internos, cortado em tirinhas. 3 claras de ovos. Mais o sal necessário. 400g de cappelletti. *Parmesão.*

Modo de fazer

Coloco o músculo de boi no fundo de um caldeirão. Cubro com a água fria. Coloco as 100g de sal. Mexo e remexo muito bem. Acendo o fogo, num ponto moderado. Permito que a fervura aconteça lentamente, sem interferências. Mantenho, até que o líquido se reduza à metade do seu volume original. Esse procedimento, que não deve ser modificado em hipótese nenhuma, impede a coagulação das globulinas da carne, tornando o caldo mais límpido. Filtro o resultado três vezes, em três panos diferentes. Elimino a carne. Resfrio e reservo o caldo. Noutro panelão, coloco a carne triturada, a cenoura, o salsão, o alho-poró, o pimentão e as claras de ovo. Com uma colher de madeira, misturo veementemente, de maneira a espalhar muito bem as claras. Despejo o caldo que passei no pano. Sempre em fogo moderado, levo à fervura, raspando o fundo da panela de vez em quando – mas tomando o máximo de cuidado para não perturbar o caldo. Mantenho, sem mais interferências, por cerca de noventa minutos, tempo suficiente para reduzir o caldo a pouquinho mais de um litro. Nesse tempo, uma espécie de crosta se terá formado na superfície do líquido. Com a paciência de um cirurgião, e uma escumadeira, elimino o máximo possível de tal crosta. Então, devagarzinho, com a paciência de um santo, filtro o novo resultado mais três vezes, em três panos diferentes. Reaqueço o líquido purificado. Acerto, se necessário, o seu ponto de sal. Em tal líquido, cozinho os *cappelletti*. Sirvo o *brodo* e a massa com parmesão raladinho, a gosto.

MINESTRONE

Ingredientes, para quatro pessoas

50g de manteiga. 100g de pancetta de porco, a sua barriguinha já curtida, cortada em lasquinhas delicadíssimas. 2 dentes de alho, micrometricamente picadinhos. 100g de cebola branca, micrometricamente batidinha. 100g de rodelinhas bem delicadas de cenoura. 2 folhas de salsão, talhados em tirinhas finérrimas, na sua transversal. 100g de rodelinhas bem delicadas de alho-poró. 100g de rodelinhas bem delicadas de abobrinha, com as cascas. 100g de vagens, livres das suas pontinhas, cortadas em pedaços de 2cm de comprimento. 100g de feijões brancos, frescos. 4 tomates, sem as peles, sem as sementes e sem os seus brancos internos, em dadinhos. 2 litros de água fresca e declorada. 300g de macarrão do tipo argolinhas ou estrelinhas. Sal. Pimenta-do-reino. Um punhado de folhinhas de manjericão. Parmesão ou pecorino, finamente raladinho.

Modo de fazer

Num caldeirão, derreto a manteiga. Nela, rapidamente, douro a *pancetta*. Agrego o alho, a cebola, a cenoura, o salsão, o alho-poró, a abobrinha e as vagens. Refogo, ternamente, sem machucar os vegetais. Cubro com a água, levemente condimentada. Levo à fervura. Rebaixo o calor. Tampo. Reduzo o líquido a cerca de 1 1/2 litro. Agrego os feijões e os tomates. Quando percebo que os feijões estão quase no ponto, incorporo o macarrão. Misturo e remisturo. Levo a massa ao ponto correto. Agrego algumas folhinhas de manjericão. Acerto o ponto dos temperos. Sobre os pratos respectivos, despejo um fiozinho de azeite. Sirvo com parmesão ou *pecorino*, a gosto.

PASTA E FAGIOLI

Ingredientes, para quatro pessoas

4 colheres de sopa de azeite. 4 colheres de sopa, cheias, de pancetta de porco, a sua barriguinha já curtida, bem picadinha. 2 dentes de alho, micrometricamente batidinhos. 2 folhas de salsão, cortadas em tirinhas delicadas, na sua transversal. 4 tomates, sem as sementes e sem os seus brancos internos, picadinhos. 600g de feijões brancos, secos. 1 macinho de salsinha verde. Sal. Pimenta-do-reino. 4 litros de água fresca. Azeite de olivas, preferivelmente o extravirgem.

Modo de fazer

Num caldeirão, levo à fervura dois litros de água fresca. Em fogo forte, a plena ebulição, coloco os feijões. Viro e reviro com uma colher de madeira. Retomo as borbulhas. Mantenho, por dez minutos. Então, derramo tudo, sobre um escorredor de macarrão, dentro da pia, debaixo da torneira já aberta, no máximo jorro possível. Sacudo e ressacudo o escorredor, lavando e resfriando os feijões. Esse procedimento produz a limpeza da pátina exterior que, eventualmente, amarga o feijão. Também economiza tempo, substituindo o banho de horas em que, habitualmente, se deixam os grãos. Isso posto, num caldeirão bem grande, aqueço o azeite e, nele, douro a *pancetta*. Agrego o alho, o salsão e os tomates. Mexo e remexo, rapidamente. Incorporo os feijões lavados. Misturo e remisturo. Cubro com os outros dois litros de água. Em fogo forte, levo à fervura. No momento da ebulição, rebaixo o calor. Coloco o macinho de salsinha e tempero o conjunto com um pouco de sal e de pimenta-do-reino. Mexo e remexo. Tampo a panela. Diminuo o calor. Lentamente, cozinho até que os feijões se mostrem quase no ponto justo. Retiro o caldeirão do calor. Separo metade dos feijões. Reservo. Elimino a salsinha. Bato todo o restante num liquidificador e passo numa peneira. Levo o resultado à fervura. Rebaixo o calor. Cozinho, até obter cerca de um litro de um caldo denso, quase cremoso. Nesse caldo, reponho os feijões reservados. Incorporo a massa. Misturo e remisturo. Acerto o ponto do sal e da pimenta-do-reino. Cozinho a massa até o seu instante *al dente*. Nos pratos respectivos, despejo um fio de azeite.

E, ENFIM, A GLORIOSA *PASTA* PROTAGONIZA AS MAIS ESPETACULARES CRIAÇÕES DE TODOS OS TEMPOS: O MACARRÃO OBRA DE ARTE

Razões de cabala pessoal me impuseram o limite de exatas 99 receitas para este livreto. Precisamente 99 – nem 98 e nem 100. Foi fácil, digamos, diminuir a relação de 2.000 para 1.000 e de 1.000 para 500 e de 500 para 200 e de 200 para 120. Os últimos cortes, porém, doeram em minha alma. Como já apresentei treze ragùs, dois molhos de base, sete saladas e três sopas, como eu ainda exibirei duas sobremesas, sobrou-me o espaço para 72 alquimias de exceção. Ao menos eu sei que disponho de material para um novo trabalho. Enquanto ele não surge, divirta-se com a minha seleção, que inclui as mais espetaculares criações de todos os tempos – em ordem rigorosamente alfabética. Ao final do livreto Você encontrará um índice analítico por ingredientes, que facilitará a escolha dos seus pratos prediletos. Ainda: invariavelmente eu sugiro o casamento preciso de cada molho com cada *pasta*. Não se preocupe com tal exatidão. Querendo, Você tranqüilamente pode utilizar um outro gênero de macarrão. Viaje comigo.

AGNOLOTTI BURRO E SÁLVIA

Ingredientes, para quatro pessoas

500g de agnolotti, *já cozidos, no ponto* al dente. *8 colheres de manteiga. 32 belas folhas de sálvia fresca. Queijo do tipo parmesão, ralado em fios bem grossos. Pimenta-do-reino, moída na hora.*

Modo de fazer

Numa frigideira bem grande, derreto a manteiga, sem permitir que ela se aqueça em demasia. Agrego as folhas de sálvia. Viro e reviro. Incorporo os *agnolotti*. Salteio e ressalteio, rapidamente. Por cima dos *agnolotti*, espalho o parmesão. Viro e reviro, velozmente, o suficiente para esquentar e amolecer o parmesão. Coloco a pimenta-do-reino nos pratos respectivos.

AGNOLOTTI ALLA PIEMONTESE COI FUNGHI SECCHI

Ingredientes, para quatro pessoas

500g de agnolotti, *já cozidos, no ponto* al dente. *4 colheres de manteiga. 1 xícara de chá de cogumelos* porcini, *desidratados. 2 xícaras de chá de leite. 1 xícara de chá de queijo Gorgonzola, desmanchado com a ponta de um garfo. 1 xícara de chá de queijo* Gruyère, *raladinho. 1 xícara de chá de* mozzarella *de leite de búfala, raladinha. 1 xícara de chá de queijo do tipo parmesão, raladinho. 4 colheres de sopa de licor de amêndoas, tipo Amaretto. Sal. Noz-moscada.*

Modo de fazer

Numa terrina, espalho os cogumelos desidratados. Cubro com o leite. Viro e reviro, para que o leite se impregne muito bem a todos os cogumelos. Espero dez minutos. Numa panela de bom tamanho, em banho-maria, derreto a manteiga. Sobre a manteiga, despejo o leite dos cogumelos, já filtrado num pano limpo. Agrego o Gorgonzola, o *Gruyère*, a *mozzarella* e o parmesão. Misturo e remisturo, paulatinamente, transformando o conjunto no creme bem amalgamado. O banho-maria impede que os queijos se preguem ao fundo da panela. Caso necessário, para evitar os grumos e as pelotas, passo o creme de queijos numa peneira. Sempre no banho-maria, condimento o creme de queijos com o Amaretto, o sal e a noz-moscada. Misturo e remisturo. Homogeneizo. No último instante, aqueço os cogumelos no creme de queijos. Sirvo sobre os *agnolotti* bem quentinhos.

AGNOLOTTI AL DOPPIO PROSCIUTTO

Ingredientes, para quatro pessoas

500g de agnolotti *já cozidos, exatamente no ponto* al dente. *4 colheres de sopa de manteiga. 1 cebola roxa, micrometricamente picadinha. 1 xícara de chá de presunto cru, sem gorduras, moído. 1 xícara de chá de presunto cozido, moído. 1/2 xícara de chá de cogumelos secos. 1/2 xícara de chá de vinho tinto, bem seco. 4 xícaras de chá de* Ragù Semplice alla Napoletana *(página 54). 1/2 xícara de chá de creme de leite fresco. Sal. Pimenta-do-reino, moidinha no momento. Parmesão.*

Modo de fazer

Combino os cogumelos secos e o vinho tinto. Espero cinco minutos. Pico os cogumelos. Devolvo ao vinho tinto. Reservo. Numa caçarola, aqueço a manteiga e, nela, rapidamente, refogo a cebola roxa. Agrego o presunto cru. Mexo e remexo, até que o presunto cru mude de cor. Acrescento o presunto cozido. Misturo e remisturo muito bem. Despejo os cogumelos e o vinho tinto. Mexo e remexo. Levo o vinho à ebulição. Agrego o Ragù. Misturo e remisturo. Levo à fervura. Rebaixo o calor. Cozinho e recozinho, até que o molho se reduza bem, cerca de quinze minutos de paciência. Incorporo o creme de leite. Viro e reviro. Acerto o ponto do sal e da pimenta-do-reino. Sirvo, imediatamente, sobre os *agnolotti*, com o parmesão raladinho por cima, a gosto.

BUCATINI COI BROCCOLETTI ALLA SICILIANA

Ingredientes, para quatro pessoas

500g de bucatini *já cozidos, praticamente no ponto* al dente. *4 colheres de sopa de azeite de olivas. 1 cebola branca, grande, batida no liquidificador e passada numa peneira. 50g de pinóis, os* snoubars *dos árabes. 50g de uvas passas, das douradas, sem caroços. 24 brotinhos de brócolos. Sal.*

Pimenta-do-reino. Pitadas de açafrão, já diluídas em 1/2 xícara de chá de vinho branco.

Modo de fazer

Numa frigideira bem grande, aqueço o azeite e, nele, murcho o purê de cebolas. Agrego os pinóis e as uvas passas. Viro e reviro. Deposito os brotinhos de brócolos. Mexo e remexo. Tempero com o sal e com a pimenta-do-reino. Misturo e remisturo. Despejo o vinho branco com açafrão. Mexo e remexo. Tampo a frigideira. Mantenho, até que os brócolos atinjam o seu momento justo, a sua coloração vibrante e a sua textura levemente crocante. Incorporo a massa. Salteio e ressalteio.

BUCATINI ALLA CARBONARA

Ingredientes, para quatro pessoas

500g de bucatini *já cozidos, praticamente no ponto* al dente. *4 colheres de sopa de azeite de olivas. 4 colheres de sobremesa de manteiga. 2 xícaras de chá de* pancetta, *a barriguinha do porco, cortada em tirinhas bem delicadas. 4 colheres de mesa de queijo do tipo pecorino, de leite de ovelhas. 4 gemas de ovo, à temperatura ambiente, rapidamente dissolvidas em seis colheres de sopa de creme de leite bem fresco. Sal. Pimenta-do-reino, moidinha no momento.*

Modo de fazer

Numa frigideira bem grande, aqueço o azeite e, nele, bronzeio as tirinhas de *pancetta*. Agrego a manteiga. Misturo e remisturo. Espero que comece a se escurecer. Retiro a panela do calor. Fora do fogo, velozmente, salteio os *bucatini* nas gorduras da frigideira. Incorporo o queijo. Misturo e remisturo. Enfim, agrego as gemas dissolvidas no creme de leite. Acerto, se necessário, o ponto do sal. Sirvo, imediatamente. Nos pratos já montados, pulverizo bastante pimenta-do-reino.

BUCATINI ALL'AMATRICIANA

Ingredientes, para quatro pessoas

500g de bucatini *já cozidos, praticamente no ponto al dente. 4 colheres de sopa de azeite de olivas. 6 colheres de sopa de cebola branca, micrometricamente picadinha. 150g de* guanciale*, a gordurinha da bochecha do porco, em tirinhas ultradelicadas (na ausência da* guanciale*, use a carninha mais rosadinha do toicinho mais fresco possível). 4 pimentinhas vermelhas, sem as sementes, cortadas em rodelinhas fininhas. As polpas de oito tomates, cortadas em minidadinhos. Sal. Queijo do tipo* pecorino*, de leite de ovelhas, ralado em fios.*

Modo de fazer

Numa frigideira bem grande, aqueço o azeite e, nele, bronzeio as tirinhas de *guanciale* até que as suas gordurinhas comecem a se derreter. Retiro. Escorro as tirinhas. Reservo. No mesmo fundo de panela, murcho a cebola e as pimentinhas. Incorporo os tomates. Em fogo vivo, misturando e remisturando, mantenho por exatos oito minutos. Não permito que os tomates se preguem ao fundo da panela. Recoloco as tirinhas de *guanciale*. Acerto o ponto do sal. Rapidamente salteio e ressalteio os *bucatini* no molho, incorporando o *pecorino*, a gosto, durante a operação.

BUCATINI ALLA PALERMITANA

Ingredientes, para quatro pessoas

500g de bucatini *já cozidos, praticamente no ponto al dente. 4 colheres de sopa de azeite de olivas. 2 xícaras de chá de tirinhas de erva-doce, cortadas na transversal das folhas. 5 xícaras de chá de Ragù Siciliano con Le Sarde (página 59). 50g de uvas passas. 50g de pinóis, os* snoubars *dos árabes, tostadinhos. 50 de farinha de rosca grossa – pão italiano torrado e bem ralado.*

Modo de fazer

Numa caçarola, aqueço o azeite e, nele, murcho as tirinhas de erva-doce. Agrego o Ragù. Misturo e remisturo. No momento da ebulição, rebaixo o calor e incorporo as uvas passas, os pinóis e a farinha de rosca. Mexo e remexo, vigorosamente, amalgamando todos os componentes do molho. Incorporo os *bucatini*. Salteio, cuidadosamente, por alguns segundos. Sirvo, imediatamente.

CAPPELLETTI ALLA PARMENSE

Ingredientes, para quatro pessoas

500g de cappelletti *já cozidos, justamente no*

ponto al dente. *4 colheres de sopa de manteiga. 200g de presunto cru, em bloco, sem gorduras, cortado em minidadinhos. 100g de grãos frescos, crus, de ervilhas. 5 xícaras de chá de Ragù Semplice alla Napoletana (página 54). 1 xícara de chá de creme de leite. Sal. Pimenta-do-reino. preferivelmente a moidinha no momento. Parmesão.*

Modo de fazer

Aqueço a manteiga. Nela, em fogo moderado, lentamente, refogo o presunto até que ele comece a mudar de cor. Acrescento os grãos de ervilhas. Mexo e remexo por alguns instantes. Despejo o Ragù Semplice alla Napoletana. Levo à fervura. Acerto o ponto do sal e da pimenta-do-reino. Misturo e remisturo. Incorporo o creme de leite. Misturo e remisturo, calmamente, sem permitir que o creme atinja a ebulição. Sirvo o molho sobre os *cappelletti* bem quentinhos.

CAPPELLETTI ALLA PIGNOLATA

Ingredientes, para quatro pessoas

500g de cappelletti *já cozidos, justamente no ponto* al dente. *200g de nozes descascadas. 50g de pinóis, os* snoubars *dos árabes. 150g de manteiga. 2 dentes de alho, bem batidinhos. 100g de queijo parmesão, bem raladinho. 4 colheres de sopa de manjericão, micrometricamente picadinho. 4 colheres de sopa de água tépida. Azeite de olivas. Sal. Pimenta-do-reino.*

Modo de fazer

Aqueço o forno, ao ponto forte. Depois de quinze minutos, reduzo o calor ao mínimo. Espalho as nozes e os pinóis numa travessa de metal. Levo ao forno. Mantenho, por três minutos. Retiro. Esmago num pilão ou bato num liquidificador. Aqueço a manteiga. Incorporo a combinação de nozes e de pinóis. Misturo com afeto, para que as nozes e os pinóis transmitam o seu paladar à manteiga. Retiro. Passo numa peneira bem fina. Coloco numa terrina funda. Acrescento o parmesão e o alho. Homogeneizo, afetuosamente. Tempero com o sal e com a pimenta-do-reino. Incorporo a água. Homogeneizo, agora mais vigorosamente. Numa frigideira bem vasta, aqueço um pouco de azeite. Agrego a pasta de nozes, pinóis, manteiga, alho e parmesão. Em fogo suave, aqueço, despejando, se necessário, mais azeite – preciso de uma textura bem cremosa. Nos pratos respectivos, coloco o molho sobre os *cappelletti* suficientemente quentinhos.

CASÔNSEI ALLA MANTOVANA

Ingredientes, para quatro pessoas

500g de casônsei, *ou* casoncelli, *ou* ravioli *de ricota ou outro queijo, já cozidos, praticamente no ponto* al dente. *4 colheres de sopa de manteiga, amolecida à temperatura ambiente. 5 xícaras de chá de Ragù Semplice alla Napoletana (página 54). 100g de cubinhos, tostadinhos, de pão italiano, sem as cascas. 4 colheres de sopa de vinagre balsâmico. 4 colheres de sopa de açúcar.*

Modo de fazer

Numa caçarola, aqueço a manteiga. Em fogo baixo, acrescento o pão torrado e misturo por uns cinco minutozinhos. Despejo o vinagre. Mexo e remexo, até obter uma pasta bem amalgamada. Incorporo o Ragù Semplice alla Napoletana. Viro e reviro. Mantenho, em chama suavíssima, por dez minutos. Agrego o açúcar. Espero mais dez minutos. Sirvo, sobre os *casônsei*, sem queijo.

FETTUCCINE ALFREDO DI ROMA

Ingredientes, para quatro pessoas

500g de fettuccine, *já cozidas, praticamente no ponto al dente. 12 colheres de sopa de manteiga. 12 colheres de sopa de queijo parmesão ralado na hora – uso o miolo de um queijo mais fresco e mais úmido do que o convencional. Pimenta-do-reino, moidinha no momento.*

Modo de fazer

Numa frigideira bem grande, derreto a manteiga, sem permitir que ela se queime. Imediatamente, na manteiga abundante e bem quentinha, lanço as *fettuccine*. Sobre a massa, espalho o parmesão. Salteio e ressalteio, velozmente. Nos pratos prontos, pulverizo a pimenta-do-reino.

FETTUCCINE ALLA GIORGIO

Ingredientes, para quatro pessoas

500g de fettuccine, *já cozidas, praticamente*

no ponto al dente. 4 colheres de sopa de manteiga. 4 colheres de sopa de cebola branca, micrometricamente picadinha. 20 camarões graúdos, frescos, completamente limpos e eviscerados, cortados nas suas juntas anatômicas. 4 cálices de conhaque de ótimo vinho. 4 xícaras de chá de Molho Branco (página 69). Salsinha batidinha.

Modo de fazer

Numa frigideira bem grande, derreto a manteiga e, nela, murcho a cebola. Agrego os camarões. Viro e reviro, por alguns segundos. Despejo o conhaque. Levo à fervura. Evaporo o álcool do conhaque. Incorporo o molho branco. Aqueço, sem ferver. No momento em que percebo as borbulhas aparecendo, despejo as *fettuccine*. Salteio e ressalteio, rapidamente. Separo as quatro porções nos seus pratos respectivos. Por cima de cada qual, espalho a salsinha batidinha.

FETTUCCINE MAGISTRALI

Ingredientes, para quatro pessoas

500g de fettuccine, já cozidas, exatamente no ponto al dente. 2 colheres de sopa de manteiga. 4 dentes de alho, micrometricamente picadinhos. 1 ramo bem bonito de alecrim fresco. 3 xícaras de chá, repletas, de sépias de lulas (As sépias são as bolsinhas internas que contêm a tinta de proteção das lulas. Com antecedência, peço ao peixeiro que guarde um bom punhado delas ao limpar os moluscos que habitualmente comercializa sem as tais bolsinhas). 2 colheres de sopa de queijo do tipo parmesão, bem raladinho. Sal. Pimenta-do-reino, moidinha no momento. 200g de tirinhas de salmão defumado. 4 colheres de chá de creme de leite bem fresquinho.

Modo de fazer

Bato as sépias num liquidificador e passo numa peneira. Passo, ainda, num pano bem limpo. Numa caçarola, aqueço a manteiga e, nela, amacio os dentes de alho. Agrego o alecrim. Mexo e remexo. No momento em que percebo o aroma do alecrim se reforçar, despejo a tinta das lulas. Levo à ebulição. Rebaixo o calor. Agrego o parmesão. Misturo e remisturo. Adenso o líquido, por alguns instantes, até obter o volume equivalente a duas xícaras de chá. Acerto o ponto do sal e da pimenta do reino. Elimino o alecrim. Agrego o salmão, com delicadeza, para não romper as tirinhas de salmão. Incorporo as *fettuccine*. Salteio, rapidamente. Disponho as porções da massa nos seus pratos respectivos. Enfeito cada topo com um belo fio de creme de leite fresquinho.

FETTUCCINE ALLA PAPALINA

Ingredientes, para quatro pessoas

500g de fettuccine, *já cozidas, praticamente no ponto al dente. 6 colheres de sopa de manteiga. 4 colheres de sopa de cebola branca, microme-*

tricamente picadinha. 2 xícaras de chá de tirinhas delicadas de presunto cru, absolutamente sem gorduras. 4 ovos, gemas e claras, à temperatura ambiente. 4 colheres de sopa de parmesão bem raladinho. 2 xícaras de chá de creme de leite, fresco. Sal. Pimenta-do-reino, moidinha no momento. Mais parmesão, a gosto.

Modo de fazer

Numa frigideira bem grande, derreto a manteiga e, nela, murcho a cebola. Agrego as tirinhas de presunto. Mansamente, refogo. Numa terrina à parte, homogeneizo os ovos, as quatro colheres de parmesão e o creme de leite. Acerto o ponto do sal e da pimenta-do-reino. Retiro a frigideira do fogo. Fora do calor, salteio a massa na manteiga, na cebola e no presunto. Incorporo o creme. Nos pratos respectivos, sirvo o Papalina com mais parmesão, a gosto.

FUSILLI ALLA MANIERA DI PAOLA

Ingredientes, para quatro pessoas

500g de fusilli, já cozidos, praticamente no ponto al dente. 6 colheres de sopa de azeite de olivas. 4 pimentões vermelhos, sem as sementes e sem os seus brancos internos, cortados em tiras de meio centímetro de espessura. 4 colheres de sopa de vinagre balsâmico. 4 xícaras de chá de Ragù Semplice alla Calabrese (página 62). Azeitonas verdes, em lascas. Sal. Pimenta vermelha.

Modo de fazer

Numa caçarola, aqueço o azeite e, nele, amoleço as tirinhas dos pimentões. Banho com o vinagre. Mexo e remexo. Agrego o Ragù Semplice alla Calabrese. Levo à fervura. Rebaixo o calor. Incorporo as azeitonas. Mexo e remexo. Mantenho, por um minuto. Acerto o ponto do sal. Tempero com a pimenta vermelha. Salteio e ressalteio os *fusilli*. Sirvo sem queijo nenhum.

FUSILLI COI POMODORI AL FORNO

Ingredientes, para quatro pessoas

500g de fusilli, *já cozidos, praticamente no ponto al dente. Azeite de olivas. 600g de tomatões bem grandes, bem vermelhos e bem firmes, do tipo caqui, cortados em fatias redondas de ao menos um dedo de espessura. 4 dentes de alho, micrometricamente picadinhos. Sal. Pimenta-do-reino, moidinha no momento. Orégano. Folhinhas fresquinhas de manjericão.*

Modo de fazer

Unto uma assadeira bem grande com bastante azeite de oliva. Espalho as fatias dos tomatões, sem superposições. Pulverizo com o alho. Tempero com o sal, a pimenta-do-reino e o orégano. Banho, generosamente, com mais azeite. Levo ao forno bem forte, preaquecido, por cerca de vinte minutos. Espalho as folhinhas de manjericão. Mantenho no calor por mais cinco ou dez minutos – o tempo depende da potência do equipamento. Retiro quando os tomates se mostram bem molengas. Despejo tudo numa terrina vasta. Incorporo os *fusilli* bem escorridos e ainda bem quentinhos. Misturo e remisturo com delicadeza. Sirvo, imediatamente, com ou sem queijo.

GNOCCHI ALLA GHIOTTA

Ingredientes, para quatro pessoas

100g de sêmola de trigo. 350g de batatas já cozidas e transformadas em purê. 50g de queijo do tipo parmesão, finissimamente ralado. 1 ovo, gema e clara. Sal. Pimenta-do-reino. 4 colheres de sopa, rasas, de manteiga. 4 xícaras de chá de Ragù Semplice alla Napoletana (página 54). 2 pimentões verdes, sem as sementes e sem os brancos internos, em minidadinhos. 100g de grãos frescos, crus, de ervilhas. 100g de presunto cozido, sem gorduras, cortado em cubinhos. 6 colheres de sopa de creme de leite. Sal. Pimenta-do-reino, moidinha no momento. Parmesão ralado.

Modo de fazer

Numa terrina funda, combino a sêmola, o purê de batatas, o queijo parmesão e o ovo, gema e clara. Misturo e remisturo. Experimento o sabor. Acerto o ponto do sal e da pimenta-do-reino. Homogeneizo a massa. Cubro com um pano limpo. Espero que descanse, ao menos quinze minutos. Então, com pelotinhas de massa, faço rolinhos de ao menos um bom dedo de espessura. Corto os rolinhos em pedaços de dois centímetros de comprimento, os sagradíssimos *gnocchi*. Coloco os *gnocchi* para se cozinharem em ao menos cinco litros de água já salgada e em plena ebulição. Num primeiro momento, os *gnocchi* se afundarão na água. Estarão prontos quando retornarem ao topo. Paralelamente, faço o seu molho. Numa caçarola, derreto a manteiga. Despejo o Ragù Semplice alla Napoletana. Levo à fervura. Agrego os pimentões verdes, as ervilhas e o presunto. Mexo e remexo. Rebaixo o calor. Mantenho, até o momento da retirada dos *gnocchi*. Então, incorporo o creme de leite, viro e reviro, experimento – e acerto o ponto do sal e da pimenta-do-reino. Sirvo o molho sobre os *gnocchi* bem quentinhos, com parmesão a gosto por cima.

GNOCCHI SARDI CON LA MENTA

Ingredientes, para quatro pessoas

100g de sêmola de trigo. 350g de batatas já cozidas e transformadas em purê. 50g de queijo do tipo pecorino, *de leite de ovelhas, finissimamente ralado. 1 ovo, gema e clara. Sal. Pimenta-do-reino. 1 xícara de chá de vinho branco, bem seco. Mais 3 xícaras de chá de queijo do tipo* pecorino, *finissimamente ralado. 50g de folhinhas picadinhas de hortelã fresca. Azeite de olivas, na quantidade necessária. A gosto, pimenta vermelha, sequinha, em pó.*

Modo de fazer

Numa terrina funda, combino a sêmola, o purê de batatas, o queijo *pecorino* e o ovo, gema e clara. Misturo e remisturo. Experimento o sabor. Acerto o ponto do sal e da pimenta-do-reino. Homogeneizo a massa. Cubro com um pano limpo. Espero que descanse, ao menos quinze minutos. Então, com pelotinhas de massa, faço rolinhos de ao menos um bom dedo de espessura. Corto os rolinhos em pedaços de dois centímetros de comprimento, os sagradíssimos *gnocchi*. Coloco os *gnocchi* para se cozinharem em ao menos cinco litros de água já salgada e em plena ebulição. Num primeiro momento, os *gnocchi* se afundarão na água. Estarão prontos quando retornarem ao topo. Paralelamente, faço o seu molho, da Sardenha, velocíssimo. Numa terrina funda, homogeneizo as três xícaras de chá de *pecorino* e o vinho branco. Misturo e remisturo. Unto o fundo de uma panela com azeite. Agrego a pasta de *pecorino* e vinho branco. Com uma colher de madeira, mexo e remexo, para que o queijo se derreta no azeite. Aos poucos, vou agregando mais azeite, de modo a obter, no fim das contas, um molho cremoso e bem homogeneizado. Lanço as folhas picadinhas de hortelã. Acerto o ponto do sal. Misturo e remisturo. Sirvo o molho cremoso por cima dos *gnocchi* bem escorridos e bem quentinhos. Por cima, a gosto, espalho a pimenta vermelha.

LASAGNE BUGIARDE ALLA SÍLVIO LANCELLOTTI

Ingredientes, para quatro pessoas

Uma fôrma refratária de 25 x 25cm de base e cerca de 10cm de altura. Manteiga. A quantidade necessária e suficiente de rigatoni *já cozidos, um pouco antes do ponto al dente, já escorridos e já mergulhados numa bacia ampla, com água bem geladinha. Pedaços de um bom bloco de* mozzarella *normal, cortados de forma que caibam no vazio dos* rigatoni. *4 abundantes xícaras de chá de Ragù vero alla Bolognese (página 66). 3 xícaras de chá de Molho Béchamel (página 68). Mais 100g de lâminas de* mozzarella. *Orégano. Parmesão raladinho. Azeite de olivas.*

Modo de fazer

Antes de mais nada, lamento não fornecer a quantidade exatinha dos *rigatoni* ou da *mozzarella* em palitos que deve preenchê-los. A expressão Lasagne Bugiarde significa Lasanhas Mentirosas, ou Lasanhas Falsas. Com a santa paciência de um bom pai eu costumo cometê-las, de improviso, aos domingos, quando me pedem os meus cinco filhos. Invariavelmente eu faço uma porção maior do que a imprescindível. Brinco, e me divirto. Nunca medi as quantidades. Brinque, e se divirta, como eu. Melhor sobrar do que faltar. Além disso, não sei se Você dispõe de uma fôrma refratária no exato tamanho da minha. Ok. Ao trabalho. Quase cozidos os *rigatoni*, eu começo a preenchê-los com os nacos de *mozzarella* que caibam, precisamente, no seu vazio interior. Unto a fôrma refratária com manteiga, no fundo e nos lados. Forro o fundo com uma das xícaras de chá do Ragù alla Bolognese. Cubro com uma camada dos *rigatoni* recheados. Por cima deles, espalho uma das xícaras de chá do Béchamel e uma das xícaras de chá do Ragù. Cubro com outra camada dos *rigatoni* recheados. Comprimo bem, sem quebrar os *rigatoni*, claro. Por cima deles, espalho mais uma das xícaras de chá do Béchamel e do Ragù. Cubro com outra camada dos *rigatoni* recheados. Comprimo bem, sem quebrar os *rigatoni*. Por cima deles, espalho as últimas das xícaras de chá do Béchamel e do Ragù. Cubro com as lâminas de *mozzarella*. Comprimo bem, sem quebrar os *rigatoni*. Pulverizo o topo com orégano. Espalho bastante parmesão raladinho. Despejo um bom fio de azeite. Tampo a forma. Levo ao forno bem forte, preaquecido, até perceber que a *mozzarella* do interior dos *rigatoni* começou a se derreter. Destampo a forma. Mantenho no forno, até que o parmesão se gratine. Sirvo, imediatamente.

LASAGNE VERDI ALLA NAPOLETANA

Ingredientes, para quatro pessoas

Uma fôrma refratária de 25 x 25cm de base e cerca de 10cm de altura. Manteiga. 8 placas de massa de lasagna *verde com cerca de 25 x 25cm de tamanho – ou placas ou tiras menores que, juntas, ocupem a mesma dimensão e o mesmo volume. 4 abundantes xícaras de chá de Ragù Semplice alla Napoletana (página 54). 2 xícaras de chá de ricota fresca. 1 xícara de chá de queijo parmesão bem raladinho. Sal. Pimenta-do-reino. Noz moscada. 300g de rodelinhas de mozzarella de leite de búfala. Orégano. Folhinhas de manjericão. Azeite de olivas.*

Modo de fazer

Numa terrina funda, combino a ricota e o parmesão. Tempero com o sal, a pimenta-do-reino e a noz-moscada. Reservo. Num caldeirão bem largo, com água abundante, já salgada, e em plena ebulição, pacientemente, pouco a pouco, cozinho as placas de *lasagna*. Retiro quase no ponto justo, o ponto *al dente*. Coloco, imediatamente, numa bacia bem ampla, com água gelada. Quanto termino de preparar as *lasagne*, começo a montar a receita de verdade. Unto muito bem a fôrma refratária com azeite de olivas, no fundo e nas laterais. No fundo, deposito uma das xícaras de chá do Ragù Semplice. Cubro com uma das camadas de *lasagne*, obviamente bem escorrida e, se possível, seca com um pano macio. Sobre ela, espalho um terço da pasta de ricota. Cubro com a segunda das camadas de *lasagne*. Espalho um terço da *mozzarella*, temperadinha com um pouco de orégano. Despejo a segunda das xícaras do Ragù. Cubro com a terceira das camadas de *lasagne*. Sobre ela, espalho mais um terço da pasta de ricota. Cubro com a quarta das camadas de *lasagne*. Espalho um terço da *mozzarella*, temperadinha com um pouco de orégano. Despejo a terceira das xícaras do Ragù. Cubro com a quinta das camadas de *lasagne*. Sobre ela, espalho o restante da pasta de ricota. Cubro com a sexta das camadas de *lasagne*. Espalho o restante da *mozzarella*, temperadinha com um pouco de orégano. Banho com a última das xícaras do Ragù. Encanto o topo com as folhinhas de manjericão. Tampo a fôrma. Levo ao forno forte, preaquecido, até que a *mozzarella* se mostre bem derretidinha. Destampo. Mantenho mais alguns minutozinhos, dois ou três. Retiro. Espero cerca de cinco minutos, antes de servir.

LASAGNE VERÌSSIME ALLA EMILIANA

Ingredientes, para quatro pessoas

Uma fôrma refratária de 25 x 25cm de base e cerca de 10cm de altura. Manteiga. 8 placas de massa de lasagna *com cerca de 25 x 25cm de tamanho – ou placas ou tiras menores que, juntas, ocupem a mesma dimensão e o mesmo volume. 4 abundantes xícaras de chá de Ragù vero alla Bolognese (página 66). 3 abundantes xícaras de chá de Molho Béchamel (página 68). 400g de lâminas de* mozzarella *normal. Orégano. Parmesão raladinho. Azeite de olivas.*

Modo de fazer

Num caldeirão bem largo, com água abundante, já salgada, e em plena ebulição, pacientemente, pouco a pouco, cozinho as placas de *lasagna*. Retiro quase no ponto justo, o ponto *al dente*. Coloco, imediatamente, numa bacia bem ampla, com água gelada. Quando termino de preparar as *lasagne*, começo a montar a receita de verdade. Unto muito bem a fôrma refratária com manteiga, no fundo e nas suas laterais. No fundo, deposito uma das xícaras de chá do Ragù alla Bolognese. Cubro com uma das camadas de *lasagne*, obviamente bem escorrida e, se possível, seca com um pano macio. Sobre ela, espalho uma das xícaras do Béchamel e um quarto da *mozzarella*, temperada com um tico de orégano. Cubro com a segunda das camadas de *lasagna*. Sobre ela, deposito a segunda das xícaras de chá do Ragù. Cubro com a terceira das camadas de *lasagna*. Sobre ela, espalho a segunda das xícaras do Béchamel e mais um quarto da *mozzarella*, temperada com um tico de orégano. Cubro com a quarta das camadas de *lasagna*. Sobre ela, deposito a terceira das xícaras de chá de Ragù. Cubro com a quinta das camadas de *lasagna*. Sobre ela, espalho a terceira das xícaras de chá de Béchamel e mais um quarto da *mozzarella*, temperada com um tico de orégano. Cubro com a sexta das camadas de *lasagna*. Sobre ela, deposito a quarta das xícaras de chá do Ragù. Cubro com o restante da *mozzarella*. Condimento com o orégano. Pulverizo o topo com abundante parmesão raladinho. Com as mãos ultralimpas, comprimo e recomprimo, uniformizando a espessura opulenta do conjunto. Guardo na geladeira, ao menos meia hora, para que as *lasagne* e os seus recheios se assentem. Retiro. Despejo um bom fio de azeite de olivas. Tampo a fôrma. Levo ao forno bem forte, preaquecido, até perceber que, nas bordas das *lasagne*, aparecem borbulhas de molhos em ebulição. Destampo a fôrma. Mantenho, até que o topo se gratine. Sirvo, imediatamente, sem fricotes ou sem delongas.

ORECCHIETTE CON LA RICOTTA DURA

Ingredientes, para quatro pessoas

500g de orecchiette já cozidas, um minuto antes do ponto al dente *– na ausência das orecchiette, use* gnocchi. *4 colheres de sopa de azeite de oliva. 5 xícaras de chá de Ragù Semplice alla Napoletana (página 54). Abundante ricota seca, apimentada, grosseiramente ralada no momento.*

Modo de fazer

Numa caçarola bem grande, em fogo vivo, aqueço o azeite e, nele, refogo o Ragù. Despejo as *orecchiette* no molho. Salteio e ressalteio. Incorporo a ricota. Misturo e remisturo. Sirvo.

PARAFUSOS ALLA CATANZARESE

Ingredientes, para quatro pessoas

500g de parafusos já cozidos, um minuto

antes do ponto al dente. *4 colheres de sopa de azeite de olivas. 1/2 xícara de chá de cebola branca, micrometricamente picadinha. 1 dente de alho, bem trituradinho. 8 xícaras de chá de tomates bem rubros, bem grandes e bem firmes, sem as sementes e sem os seus brancos internos, passados no ralo mais grosso da máquina de moer carne. 2 xícaras de chá de azeitonas verdes, sem caroços, picadinhas. 2 xícaras de chá de azeitonas pretas, sem caroços, picadinhas. Sal. Pimenta calabresa, seca, em pó, a gosto.*

Modo de fazer

Numa caçarola bem grande, em fogo vivo, aqueço o azeite e, nele, murcho a cebola e o alho. Rebaixo o calor. Incorporo os tomates moídos. Mexo e remexo. Lentamente, cozinho por dez minutos, mexendo aqui e ali. Acrescento as azeitonas. Viro e reviro. Mantenho, sempre em chama brandíssima, até que as azeitonas comecem a se desmanchar nos tomates. De vez em quando, mexo e remexo, para que nada se pregue no fundo da panela. Acerto o ponto da pimenta, a gosto – e, se necessário, o ponto do sal. Incorporo os parafusos. Salteio. Sirvo sem queijo nenhum.

PARAFUSOS ALLA MURARESE

Ingredientes, para quatro pessoas

500g de parafusos já cozidos, quase no justo do ponto al dente. *6 colheres de sopa de manteiga.*

4 colheres de sopa de cebola branca, micrometricamente picadinha. 4 colheres de cenoura, micrometricamente picadinha. 4 colheres de salsão, micrometricamente batidinho. 100g de presunto cru, sem gorduras, cortado em tirinhas bem delicadas. 100g de azeitonas pretas, sem os caroços, em lasquinhas pequenininhas. 30g de pinóis, os snoubars *dos árabes. 1/2 xícara de chá de vinho branco, bem seco. 3 xícaras de chá de creme de leite. Sal. 1 xícara de chá de parmesão, finamente raladinho. Salsinha verde, micrometricamente picadinha.*

Modo de fazer

Derreto a manteiga. Nela, murcho a cebola, a cenoura e o salsão. Agrego o presunto em tirinhas, as azeitonas e os pinóis. Mexo e remexo, com cuidado para não romper as tirinhas de presunto. Banho com o vinho branco. Levo à fervura. Rebaixo o calor. Agrego o creme de leite. Antes que surjam as primeiras borbulhazinhas, incorporo os parafusos. Misturo e remisturo. Acerto o ponto do sal. Agrego o parmesão. Mexo e remexo, viro e reviro. No último instante, lanço a salsinha.

PARAFUSOS ALLA NAPOLETANINA

Ingredientes, para quatro pessoas

500g de parafusos já cozidos, quase no justo do ponto al dente. *2 xícaras de chá de Ragù del Brasato (página 66). Três gemas de ovo. 100g de presunto cru, sem gorduras, bem picadinho. 1/2* xícara de chá de queijo do tipo parmesão, bem raladinho. Manteiga. 4 xícaras de chá de *Ragù Semplice alla Napoletana* (página 54). Azeite de olivas. Mais parmesão, a gosto.

Modo de fazer

Numa terrina funda, combino o Brasato, as gemas de ovo, o presunto cru e o parmesão. Mexo e remexo, amalgamando muito bem. Deposito a massa, bem quentinha. Agrego uma colherada de manteiga. Mexo e remexo, homogeneizando muito bem – sem, porém, machucar os parafusos. Levo a terrina a um banho-maria. Paralelamente, aqueço o Ragù Semplice. No momento em que o Ragù começa a ferver, dou-lhe um banho com o fio de azeite extravirgem. Emulsiono e reemulsiono. Despejo o conteúdo da terrina no Ragù Semplice. Misturo e remisturo. Dentro do molho, levo a massa ao seu ponto bem justo. Acerto o ponto do sal e da pimenta-do-reino. Sirvo sem parmesão – mas não enlouqueço se alguém despejar mais queijo na maravilha.

PARAFUSOS AI QUATTRO FORMAGGI

Ingredientes, para quatro pessoas

500g de parafusos já cozidos, quase no justo do ponto al dente. 100g de manteiga. 50g de queijo do tipo parmesão, finamente raladinho. 50g de queijo do tipo Gruyère, finamente raladinho. 50g de queijo do tipo Gouda, finamente raladinho. 50g de queijo do tipo Itálico, finamente raladinho. Sal. Pimenta-do-reino. A gosto, salsinha verde, micrometricamente picadinha.

Modo de fazer

Numa caçarola bem grande, em fogo médio, aqueço a manteiga. Agrego os quatro queijos. Mexo e remexo, misturo e remisturo, até obter uma pasta bem amalgamada. Quando o molho me parece espesso em demasia, diluo com um pouco de leite integral. Acerto o ponto do sal e da pimenta-do-reino. No último instante, combino a massa ao molho. Sirvo com um pouco de salsinha por cima.

PASTA DEI BAMBINETTI

Ingredientes, para quatro pessoas

500g de avemarias, já cozidas, uns minutozinhos antes do ponto al dente*. Azeite de olivas. 3 xícaras de chá de Ragù Semplice alla Napoletana (página 54). 1 xícara de chá de pedacinhos de salsicha, com a pele, do tamanho das avemarias. 1 xícara de chá de pedacinhos de salsicha, sem a pele, do tamanho das avemarias. 1 xícara de chá de cubinhos de* mozzarella *normal, gelada, do tamanho das avemarias. Um punhado de folhinhas de manjericão. Parmesão, a gosto.*

Modo de fazer

Num fundo de azeite, aqueço o Ragù Semplice. No momento da ebulição, rebaixo o calor. Agrego os pedacinhos de salsicha. Cozinho a salsicha, quatro minutozinhos. Simultaneamente, incorporo os cubinhos de *mozzarella* e as avemarias. Salteio e ressalteio, até que a massa atinja o seu momento justo. Sirvo, imediatamente, com o parmesão no topo dos pratos.

PASTA INCACCIATA

Ingredientes, para quatro pessoas

500g de cappelletti *ou de* ravioli, *já cozidos, dois minutos antes do ponto* al dente. *Azeite de olivas. 3 xícaras de chá de Ragù Bolognese (página 66). 300g de* mozzarella *comum, em fatias. Orégano. Queijo do tipo parmesão, raladinho no momento, a gosto.*

Modo de fazer

Unto o fundo e os lados de uma terrina refratária com azeite de oliva. Espalho bem o conteúdo de uma das xícaras de chá do Ragù Bolognese. Cubro com uma camada de metade dos *cappelletti* ou *ravioli*. Deposito metade das fatias de *mozzarella*. Pulverizo com um pouco de orégano. Espalho bem o conteúdo da segunda das xícaras do Ragù. Cubro com os restantes *cappelletti* ou *ravioli*. Espalho bem o conteúdo da terceira das xícaras do Ragù. Deposito a outra metade das fatias de *mozzarella*. Pulverizo com um pouco de orégano. Espalho bastante parmesão bem raladinho. Banho com um fio de azeite. Tampo a terrina. Levo ao forno forte, preaquecido, até que a *mozzarella* se derreta. Destampo. Mantenho, até que o parmesão se gratine.

PENNE ALL'ARRABBIATA

Ingredientes, para quatro pessoas

500g de penne rigate *já cozidas, um minuto antes do ponto* al dente. *4 colheres de sopa de azeite de olivas. 1 xícara de chá de* pancetta, *a barriguinha do porco, micrometricamente picadinha à ponta de faca. 12 dentes de alho, cortados em lasquinhas bem delgadas. 6 xícaras de chá de Ragù Semplice alla Napoletana (página 54). 4 pimentas vermelhas, do tipo dedo-de-moça, sem as sementes, bem batidinhas. 1 xícara de chá de queijo do tipo* pecorino, *de leite de ovelhas, finamente raladinho. Pitadas de orégano. Sal. Mais* pecorino, *a gosto.*

Modo de fazer

Num caldeirão, aqueço o azeite e, nele, derreto as gordurinhas da *pancetta*. Bronzeio, sem permitir, porém, que a *pancetta* se queime. Agrego o alho. Misturo e remisturo, sem permitir que o alho se doure. Incorporo o Ragù Semplice alla Napoletana. Mexo e remexo. Levo à fervura. Incorporo as pimentinhas. Rebaixo o calor. Mantenho por mais dois minutozinhos. Tempero com o orégano. Acerto, se necessário, o ponto do sal. Coloco as *penne* no molho. Por cima delas, espalho a xícara de chá de *pecorino*. Salteio e ressalteio por mais um minuto, impregnando as *penne* com o molho e o queijo derretidinho. Sirvo com mais *pecorino* nos pratos, a gosto.

PENNE CON LA CREMA DI OSTRICHE

Ingredientes, para quatro pessoas

500g de penne rigate *já cozidas, um minuto antes do ponto* al dente. *4 colheres de sopa de manteiga. 4 dentes de alho, micrometricamente picadinhos. 6 colheres de sopa, rasas, de salsinha verde, bem batidinha. 36 ostras bem frescas, bem bonitas, com o seu líquido natural integralmente preservado. 1/2 xícara de chá de vinho branco, bem seco. 4 xícaras de chá de Molho Béchamel (página 68). 1 xícara de chá de Ragù Abruzzese (página 60). Noz-moscada.*

Modo de fazer

Numa caçarola, derreto a manteiga e, nela, amacio os dentes de alho. Espalho a salsinha. Misturo e remisturo, velozmente, sem queimar os seus verdes. Agrego as ostras. Salteio e ressalteio, velozmente. Despejo o vinho. Levo à fervura. Acrescento o Béchamel e o Ragù. Misturo e remisturo. Em fogo baixo, aqueço o conjunto. Acerto o ponto da noz-moscada. Incorporo as *penne* ao creme. Viro e reviro, delicadamente. Sirvo, sem queijo nenhum.

PENNE LÌGURE CON CARCIOFE

Ingredientes, para quatro pessoas

500g de penne rigate *já cozidas, um minuto antes do ponto* al dente. *6 fundos de alcachofras, de bom tamanho, já cozidos em água, sal e limão, já cortados em pedaços do tamanho das* penne. *4 colheres de sopa de azeite de olivas. 2 colheres de sopa de cebola branca, micrometricamente picadinha. 2 dentes de alho, micrometricamente batidinhos. 2 colheres de sopa de salsinha verde, micrometricamente picadinha. 1 xícara de chá de* funghi porcini secchi. *Uma xícara de chá de vinho branco, bem seco. 2 xícaras de chá de polpa de tomates, sem as sementes e sem os brancos internos, passados num moedor grosso de carne. Sal. Folhinhas de manjericão.*

Modo de fazer

Combino os *funghi* e o vinho branco. Espero dez minutos. Pico os *funghi*. Escorro. Filtro o vinho num pano limpo. Reservo. Numa frigideira bem grande, em fogo vivo, aqueço o azeite e, nele, amacio a cebola e o alho. Agrego a salsinha e os *funghi*. Mexo e remexo, sem permitir que nada se pregue ao fundo da panela. Deposito os tomates moídos. Misturo e remisturo. Rebaixo o calor. Espero que o conjunto se adense. Agrego o vinho dos *funghi*. Incorporo, também, os fundos de alcachofra. Reaqueço. No momento em que percebo os fundos de alcachofra na sua temperatura ideal, acerto o ponto do sal. Despejo as folhinhas de manjericão. Na panela, coloco as *penne*. Salteio e ressalteio, até que as *penne* atinjam o seu ponto justo. Sirvo, sem queijo nenhum.

PENNE ALLA PIACENTINA

Ingredientes, para quatro pessoas

500g de penne rigate *já cozidas, praticamente no seu justo ponto al dente. 4 colheres de sopa, rasas, de manteiga. 2 colheres de chá de açúcar. 100g de cogumelos frescos, delicadamente laminadas. 300g de peito de frango, cortado em palitos, no tamanho das penas. Sal. Pimenta-do-reino. 5 xícaras de chá de Molho Branco (página 69). Gengibre fresco, picadinho. 1 xícara de chá de queijo parmesão, finamente raladinho. Pitadinhas de canela. Salsinha verde, bem picadinha.*

Modo de fazer

Numa caçarola, derreto a manteiga e, nela, dissolvo o açúcar. Agrego os cogumelos. Salteio e ressalteio. No momento em que percebo os cogumelos transpirando, acrescento os palitos de peito de frango. Na panela mesmo, tempero o frango com sal e com pimenta-do-reino. Viro e reviro. Despejo o Molho Branco. Aqueço. Pouco antes da ebulição, incorporo o parmesão. Mexo e remexo. Condimento com a canela. Mexo e remexo. Despejo a massa na panela. Misturo e remisturo. Sirvo, nos pratos respectivos, com a salsinha bem picadinha por cima.

PENNE PIZZA ALLA SÍLVIO LANCELLOTTI

Ingredientes, para quatro pessoas

500g de penne rigate *já cozidas, um minuto antes do ponto al dente. 4 colheres de sopa, rasas, de manteiga. 3 xícaras de chá de Ragù Ricco alla Napoletana (página 55). 1 colher de sobremesa, rasa, de gengibre em pó (na sua falta, duas colheres de sopa de gengibre fresco, picadinho). 2 1/2 xícaras de chá de* mozzarella *comum, bem raladinha. 1 xícara de chá de parmesão raladinho. Sal. Toquezinho de pimenta vermelha. Um punhado de folhas fresquinhas de manjericão.*

Modo de fazer

Num caldeirão, derreto a manteiga. Despejo o Ragù Ricco. Condimento com o gengibre. Misturo e remisturo. Levo à fervura. Agrego a *mozzarella*. Com uma colher de madeira, viro e reviro, sem parar, até que a *mozzarella* comece a se derreter no Ragù. Incorporo o parmesão. Viro e reviro, homogeneizando o conjunto. Nos últimos instantes, experimento. Acerto, se necessário, o ponto do sal. Coloco a massa no molho. Acrescento as folhinhas de manjericão. Salteio e ressalteio, pacientemente, até as *penne* atingirem o ponto *al dente*. Sirvo, imediatamente.

PENNE AL SALMONE

Ingredientes, para quatro pessoas

500g de penne rigate *já cozidas, um minuto antes do ponto al dente. 4 colheres de sopa de manteiga. 400g de salmão delicadamente fatiado, cada lâmina cortada em tirinhas de 1cm de largura. 1/2 xícara de chá de vinho branco, bem seco. 3 1/2 xícaras de chá de Molho Branco (página 69). 2 colheres de sopa de aneto, ou* dill, *fresco, picadinho – ou duas colheres de chá do mesmo produto já desidratado. 4 colheres de chá de caviar negro. Sal. Pimenta-do-reino.*

Modo de fazer

Numa frigideira bem funda, derreto a manteiga e, nela, refogo cem gramas de salmão. Com uma colher de madeira, mexo e remexo por alguns instantes, comprimindo o salmão e transmitindo a sua essência à manteiga. Despejo o vinho. Levo à fervura. Rebaixo o calor. Mantenho, por mais dois minutozinhos, desmanchando praticamente o salmão. Passo numa peneira. Reservo. Em fogo manso, aqueço o Molho Branco. Não permito a ebulição. Assim que aparecem as primeiras borbulhazinhas, despejo no Molho Branco a essência do salmão. Misturo e remisturo. Incorporo as tirinhas ainda não utilizadas do salmão. Misturo e remisturo. Agrego o aneto. Acerto, se necessário, o ponto do sal e da pimenta-do-reino. Agrego as *penne* já cozidas. Salteio a massa no molho, até que as *penne* atinjam o ponto justo. Espalho o caviar nos pratos respectivos.

PENNE ALLA TRENTINA

Ingredientes, para quatro pessoas

500g de penne rigate *já cozidas, um minuto antes do ponto* al dente. *4 colheres de sopa de manteiga. 2 dentes de alho, cortados em palitinhos. 150g de salame pouco gorduroso, cortado em palitos no tamanho e no desenho das* penne. *1/2 xícara de chá de vinho branco, bem seco. 3 xícaras de chá de Ragù Semplice alla Napoletana (página 54). 150g de ricota fresquíssima, escorrida, esmagada com um garfo. Sal. Pimenta-do-reino. Pimentinha vermelha. Noz-moscada.*

Modo de fazer

Numa frigideira bem funda, derreto a manteiga e, nela, amacio os dentes de alho. Agrego o salame. Mexo e remexo, até que os palitinhos mudem de tonalidade. Despejo o vinho branco. Com a ajuda do álcool do vinho, dissolvo as gordurinhas que se pregaram ao fundo da panela. Despejo o Ragù. Viro e reviro. Levo à ebulição. Coloco a ricota. Misturo e remisturo, homogeneizando bem o molho. Acerto o ponto do sal e da pimenta-do-reino. Batizo, ainda, com um toquezinho de pimentinha vermelha e de noz-moscada. Incorporo as *penne*. Termino o seu cozimento.

PENNE COL SUGO DEL STRACOTTO

Ingredientes, para quatro pessoas

500g de penne rigate *já cozidas, um minuto antes do ponto* al dente. *4 colheres de sopa de manteiga. 4 colheres de sopa de toicinho picadinho. 1 xícara de chá de vinho tinto, bem seco. 3 xícaras de chá de Ragù Verace alla Napoletana (página 56). 3 xícaras de chá de Ragù del Brasato (página 66). Sal. Pimenta-do-reino, preferivelmente a moidinha no momento.*

Modo de fazer

Numa caçarola, aqueço a manteiga e, nela, douro o toicinho. No momento em que percebo o toicinho se pregando no fundo da panela, coloco o vinho. Dissolvo as gordurinhas. Levo o vinho à fervura. Espero que o seu álcool comece a evaporar. Despejo o Ragù Verace. Misturo e remisturo. Levo à fervura. Agrego o Ragù del Brasato. Misturo e remisturo. Acerto o ponto do sal e da pimenta-do-reino. Esquento as carnes pedaçudinhas do Brasato. Então, incorporo as *penne* e termino a sua preperação no seu *sugo*. Sirvo, imediatamente, com parmesão à vontade.

RAVIOLI ALLA FUNGATA ALPINA

Ingredientes, para quatro pessoas

500g de ravioli *de ricota ou outro queijo, já cozidos, segundos antes do ponto* al dente, *muito bem escorridos. 300g de* funghi porcini secchi. *1* xícara de chá de leite. *4 colheres de sopa, cheias, de manteiga. 100g de dadinhos de presunto cozido, magro, sem gorduras. 1/2 xícara de chá de vinho branco, bem seco. 1 xícara de chá de parmesão raladinho. Sal. Noz-moscada.*

Modo de fazer

Numa terrina funda, espalho os *funghi*. Banho com o leite. Espero quinze minutos. Escorro os *funghi*. Reservo. Filtro o leite num pano bem limpo. Reservo. Numa frigideira bem ampla, derreto a manteiga e, nela, douro os dadinhos de presunto. Mexo e remexo. Quando o presunto começa a mudar de cor, despejo o vinho branco. Misturo e remisturo. Levo à ebulição. Rebaixo o calor. Espero que o álcool do vinho se evapore. Incorporo os *funghi* e o seu leite. Viro e reviro. Retomo a fervura. De novo, rebaixo o calor. Incorporo o parmesão. Mexo e remexo, dissolvendo o parmesão. Acerto o ponto do sal e da noz-moscada. Misturo e remisturo. Reduzo, por alguns instantes. Despejo a *Fungata Alpina*, nos pratos respectivos, sobre os *ravioli* bem quentinhos.

RAVIOLI ALLA LOMBARDA

Ingredientes, para quatro pessoas

500g de ravioli *de ricota ou outro queijo, já cozidos, segundos antes do ponto* al dente, *muito bem escorridos. 200g de* funghi porcini secchi. *1 xícara de chá de vinho branco, bem seco. 6 xíca-*

ras de chá de Ragù Verace alla Napoletana (página 56). Sal. Pimenta-do-reino. Parmesão.

Modo de fazer

Numa terrina funda, espalho os *funghi*. Banho com o vinho branco. Espero quinze minutos. Escorro os *funghi*. Reservo. Filtro o vinho num pano limpo. Reservo. Numa caçarola bem ampla, aqueço o Ragù Verace. No momento da fervura, agrego o vinho. Misturo e remisturo. Retomo a ebulição. Rebaixo o calor. Incorporo os *funghi*. Mexo e remexo. Mantenho, lentamente, até que o molho se reduza ao equivalente a cinco abundantes xícaras de chá. Acerto o ponto do sal e da pimenta-do-reino. Cuidadosamente, despejo os *ravioli* no molho. Viro e reviro, com o máximo de ternura, apenas para aquecer a massa. Sirvo, imediatamente, com parmesão a gosto.

RAVIOLI NELLA SALSA DI ZUCCA

Ingredientes, para quatro pessoas

500g de ravioli *de ricota ou outro queijo, já cozidos, justamente no ponto* al dente, *muito bem escorridos. 400g de cubos de abóbora, sem as sementes e sem as cascas. Água fresca. 2 colheres de sopa, bem cheias, de manteiga. 1/2 xícara de chá de vinho do Porto. 1 1/2 xícara de chá de creme de leite. Sal. Pimenta-do-reino. Noz-moscada. Sementes tostadinhas de papoula.*

Modo de fazer

Cozinho os cubos de abóbora até que se mostrem bem macios. Passo numa peneira. Reservo o resultado. Numa caçarola, derreto a manteiga. Agrego o purê de abóbora. Mexo e remexo, até obter uma pasta bem amalgamada. Agrego o vinho do Porto e o creme de leite. Misturo e remisturo. Homogeneizo completamente. Tempero com o sal, a pimenta-do-reino e a noz-moscada. Misturo e remisturo. Coloco os *ravioli*, bem escorridos mas bem quentinhos, nos seus pratos respectivos. Cubro com a sua parte de molho. Espalho as sementinhas de papoula no topo. O parmesão, nesta receita, é opcional. Sugiro, porém, o queijo ralado em fios mais grossos.

RIGATONI ALLA ALBERONI

Ingredientes, para quatro pessoas

500g de rigatoni *pré-cozidos até dois minutos antes do ponto* al dente. *2 colheres de sopa de manteiga. 200g de camarões completamente limpos, cortados em pedaços aleatórios. Sal. Pimenta-do-reino. 5 xícaras de chá de Molho Béchamel (página 68). 1 xícara de chá de cogumelos secos, reidratados em uma xícara de chá de vinho branco, bem seco. 2 xícaras de chá de queijo do tipo parmesão, finamente raladinho. Pitadinhas de noz-moscada.*

Modo de fazer

Numa frigideira, derreto a manteiga e, nela, rapidamente refogo os camarões. Bato num liquidificador, camarões e manteiga – e passo numa peneira, transformando os camarões num purê. Tempero com sal e com pimenta-do-reino. Coloco numa terrina funda. Agrego três das xícaras de chá de Béchamel, os cogumelos picadinhos e o vinho do seu banho. Misturo e remisturo muito bem, homogeneizando o resultado. Incorporo os *rigatoni* e metade do parmesão. De novo, misturo e remisturo, cuidando para não machucar os *rigatoni*. Despejo tudo, meticulosamente, equilibradamente, numa fôrma refratária. Por cima, espalho o Béchamel restante. Pulverizo o topo com o parmesão restante. Levo ao forno forte, preaquecido, o tempo suficiente para dourar o creme e gratinar a cobertura de parmesão. Sirvo, imediatamente.

RIGATONI ALLA BURINA

Ingredientes, para quatro pessoas

500g de rigatoni *pré-cozidos até dois minutos antes do ponto al dente. Manteiga. 200g de lingüiça fresca, cortada em rodelinhas. 200g de grãos frescos de ervilhas. 1/2 xícara de chá de vinho branco, bem seco. 5 xícaras de chá de Ragù Semplice alla Napoletana (página 54). 1/2 xícara de chá de parmesão, raladinho. 1/2 xícara de chá de queijo* pecorino, *de leite de ovelhas, raladinho. Sal.*

Modo de fazer

Numa frigideira grande, derreto a manteiga e, nela, douro as rodelinhas de lingüiça. Agrego as ervilhas. Misturo e remisturo. Despejo o vinho branco. Levo à fervura. Coloco o Ragù. Mexo e remexo. Levo à fervura. Incorporo os *rigatoni*. Misturo e remisturo. Acerto o ponto do sal. Disponho numa fôrma untadinha de manteiga. Levo ao forno forte, por cinco minutos.

RIGATONI ALLA CONTADINA

Ingredientes, para quatro pessoas

500g de rigatoni *pré-cozidos até um minuto antes do ponto* al dente. *300g de alcatra sem gorduras e sem enervações, cortada em bocadinhos. Sal. Pimenta-do-reino. 5 colheres de sopa de manteiga. 1 xícara de chá de cogumelos secos. 1 xícara de chá de vinho tinto, bem seco. 4 xícaras de chá de Ragù Verace alla Napoletana (página 56). Parmesão, bem raladinho.*

Modo de fazer

Tempero a carne com o sal e com a pimenta-do-reino. Viro e reviro. Reservo. Paralelamente, marino os cogumelos secos no vinho tinto. Viro e reviro. Espero cinco minutos. Pico os cogumelos. Reservo os cogumelos, de novo, no vinho tinto. Numa caçarola, derreto quatro das colheres de manteiga. Nela, douro os bocadinhos de alcatra. Viro e reviro. Agrego os cogumelos e o vinho.

Mexo e remexo, forçando a evaporação do álcool do vinho. No momento da fervura, acrescento o Ragù Verace. Misturo e remisturo. Levo à ebulição. Reduzo o calor. Despejo os *rigatoni* no molho. Antes de saltear a massa no molho, espalho um bom punhado de parmesão por cima dos *rigatoni*. Mexo e remexo. Termino o cozimento da massa dentro do molho.

RIGATONI ESCOFFIER

Ingredientes, para quatro pessoas

500g de rigatoni *pré-cozidos até dois minutos antes do ponto al dente. 200g de peito de frango, temperado com sal e com pimenta-do-reino, pré-cozido e bem desfiadinho com a ponta de um garfo. 150g de ricota fresca. 150g de queijo do tipo* Gruyère, *bem raladinho. Manteiga derretida. Sal. Pimenta-do-reino moidinha no momento. Pitadinhas de noz-moscada.*

Modo de fazer

Numa terrina funda, cuidadosamente, combino o peito de frango, a ricota e o *Gruyère*. Amalgamo muito bem, utilizando um pouco de manteiga para impor ao conjunto a textura de uma pasta. Tempero com o sal, com a pimenta-do-reino e com a noz-moscada. Incorporo os *rigatoni*. Misturo e remisturo, delicadamente, para não machucar a massa. Coloco tudo numa fôrma refratária, bem untada de manteiga. Levo ao forno forte, preaquecido, por dois minutozinhos.

RIGATONI AL GRATIN

Ingredientes, para quatro pessoas

500g de rigatoni *pré-cozidos até dois minutos antes do ponto* al dente. *5 xícaras de chá de Molho Béchamel (página 68). Queijo parmesão, finamente ralado, no momento da operação.*

Modo de fazer

Numa terrina funda, cuidadosamente, combino os *rigatoni* a quatro das xícaras de Béchamel. Deposito os *rigatoni* e o creme, equilibradamente, numa terrina refratária. Por cima, espalho o remanescente do Béchamel. Cubro com abundante parmesão. Levo ao forno forte, preaquecido, até que o topo do creme se doure e o parmesão se gratine.

RIGATONI AL GRATIN PAZZO

Ingredientes, para quatro pessoas

500g de rigatoni *pré-cozidos até dois minutos antes do ponto* al dente. *4 xícaras de chá de Molho Béchamel (página 68). 1/2 xícara de chá de Gorgonzola já desmanchadinho com a ponta de um garfo. 1 1/2 xícara de chá de dadinhos de* mozzarella *normal. Queijo parmesão, raladinho.*

Modo de fazer

Numa terrina funda, cuidadosamente, virando e revirando, a frio mesmo, dissolvo o Gorgonzola no Béchamel. Agrego os *rigatoni* e os dadinhos de *mozzarella*. Combino e recombino com o máximo de ternura. Deposito os *rigatoni* e o creme, equilibradamente, numa terrina refratária. Por cima, espalho o remanescente do Béchamel. Cubro com abundante parmesão. Levo ao forno forte, preaquecido, até que o topo do creme se doure e o parmesão se gratine.

RIGATONI ALLA GARFAGNINA

Ingredientes, para quatro pessoas

500g de rigatoni *já cozidos, segundos antes do ponto* al dente, *muito bem escorridos. 3 xícaras de chá de azeitonas pretas, bem picadinhas. 2 folhas de louro. 1 1/2 xícara de chá de lasquinhas de erva-doce, cortadas na transversal das folhas. 1 1/2 xícara de chá de dadinhos de polpa de tomates. Orégano. Uma hastezinha de canela. O sal necessário. Azeite de olivas, extravirgem.*

Modo de fazer

Numa terrina funda, combino as azeitonas, o louro, a erva-doce, os dadinhos de polpa de tomates e a canela. Mexo e remexo. Cubro, com um pano bem limpo. Deixo, num lugar fresco e protegido, por ao menos 24 horas. O molho se perpetra exatamente durante o cozimento da massa. Numa frigideira bem grande, despejo um fundo de azeite e, nele, em fogo baixo, apenas aqueço o molho, sem permitir que se frite. Acerto, se necessário, o ponto do sal. Salteio a massa no molho.

RIGATONI ALL'IMPIEDI

Ingredientes, para quatro pessoas

500g de rigatoni *já cozidos, três minutos antes do ponto al dente, muito bem escorridos. Manteiga. 150g de queijo do tipo parmesão, raladinho. 150g de* mozzarella *cortada em palitinhos do tamanho dos* rigatoni. *100g de presunto cru, sem gorduras, cortado em dadinhos. 2 xícaras de chá de Molho Béchamel (página 68). Seis gemas de ovo. 100g de queijo do tipo* Gruyère, *raladinho. Sal. Pimenta-do-reino. Salsinha verde, bem batidinha. Seis claras, batidas em neve.*

Modo de fazer

Escolho uma fôrma refratária, redonda, de uns 25cm de diâmetro e uns 10cm de altura. Unto, generosamente, com manteiga. Com os *rigatoni*, um ao lado do outro, forro o fundo da fôrma, à maneira de uma coroa, deixando vazio um espaço central, arredondado, de cerca de sete ou oito centímetros. Cubro a coroa de *rigatoni* com uma camada de palitos de *mozzarella*. Cubro a *mozzarella* com uma camada de parmesão raladinho. Cubro os palitos de *mozzarella* uma camada de dadinhos de presunto cru. Repito as etapas até se esgotarem os *rigatoni*, a *mozzarella* e o presunto. Reservo. Fora do fogo, combino o Béchamel, as gemas bem batidinhas e o queijo *Gruyère*. Tempero com o sal e com a pimenta-do-reino. Agrego um bom punhado de salsinha batidinha. Misturo e remisturo, até obter um creme muito bem amalgamado. Enfim, incorporo as claras batidas em neve. Combino e recombino. Com uma colher, pacientemente, começo a despejar a bela pasta sobre a coroa de *rigatoni*, *mozzarella* e presunto cru. A pasta precisa cair de fora para dentro, preenchendo todos os vazios e, se possível, inclusive, o interior dos *rigatoni*. Claro que, num certo momento, a pasta escorrerá para o espaço central, de fato ocupando, praticamente, toda a fôrma refratária. Levo ao forno, preaquecido, em calor moderadíssimo, como aquele de um suflê. Retiro quando o topo se mostrar bem dourado.

SPAGHETTI ALL'ACCIUGATA

Ingredientes, para quatro pessoas

500g de spaghetti *já cozidos, segundos antes do ponto* al dente, *muito bem escorridos. 12 colheres de sopa de azeite de oliva. 4 dentes de alho, bem picadinhos. 24 filés de anchovas, sem as espinhas, devidamente lavados do seu excesso de salmoura. 2 xícaras de chá de croûtonzinhos, dadinhos de pão torrado, preferivelmente o italiano – mas serve o pão de fôrma.*

Modo de fazer

Numa frigideira bem vasta, aqueço o azeite e, nele, amacio os dentes de alho. Sem permitir que o alho se bronzeie, agrego as anchovas. Mexo e remexo, aleatoriamente, desmanchando as anchovas sem destruí-las totalmente. Alguns pedaços precisarão sobreviver na frigideira. Incorporo os *spaghetti*. Velozmente salteio os *spaghetti* na *Acciugata*. Sirvo, imediatamente.

SPAGHETTI AGLIO ED OLIO

Ingredientes, para quatro pessoas

500g de spaghetti *já cozidos, segundos antes do ponto* al dente*, muito bem escorridos. 12 colheres de sopa de azeite de oliva. 12 dentes de alho, em delicados palitinhos.*

Modo de fazer

Numa frigideira bem vasta, aqueço o azeite e, nele, amacio os palitinhos de alho, sem permitir que se bronzeiem. Deposito a massa numa terrina funda. Por cima dos *spaghetti*, espalho o azeite e os palitinhos de alho. Salteio e ressalteio por alguns segundos. Sirvo, imediatamente. Também é possível agregar, no último instante, um bom punhado de dadinhos de polpa de tomates – e/ou um bom punhado de argolinhas de pimenta-vermelha, sem as sementes. A *pasta aglio ed olio* se come habitualmente sem queijo nenhum. Usar o parmesão ou o *pecorino* não é crime, porém.

SPAGHETTI ALLA BERSAGLIERA

Ingredientes, para quatro pessoas

500g de spaghetti *já cozidos, dois minutos antes do ponto* al dente*. 1 xícara de chá de presunto cozido, sem gorduras, em dadinhos bem* *pequeninos. 1 xícara de chá de grãos frescos de ervilhas, rapidamente refogados em manteiga. 1 xícara de chá de queijo do tipo* Gruyère, *delicadamente ralado. 4 xícaras de chá de Molho Bèchamel (página 68). Sal. Pimenta-branca.*

Modo de fazer

Numa terrina funda, combino o presunto, as ervilhas, o queijo e metade do Béchamel. Acerto o ponto do sal e da pimenta-branca. Incorporo os *spaghetti* na terrina. A frio, salteio e ressalteio. Deposito os *spaghetti* e seu creme numa fôrma refratária de tamanho apropriado. Cubro com o restante do Béchamel. Levo ao forno médio, pré-aquecido, até que o molho se doure.

SPAGHETTI ALLA BUCANIERA

Ingredientes, para quatro pessoas

500g de spaghetti *já cozidos, um minuto antes do ponto al dente. 4 colheres de sopa de manteiga. 4 colheres de sopa de bacon, micrometricamente picadinho. 2 cálices de conhaque de bom vinho. 100g de cogumelos frescos, finamente laminados. 20 camarões graúdos, frescos, completamente limpos, delicadamente cortados ao meio no sentido do seu comprimento. Sal. Pimenta-do-reino. 4 xícaras de chá de Ragù Abruzzese (página 60). Salsinha verde, bem batidinha.*

Modo de fazer

Numa frigideira grande, aqueço a manteiga

e, nela, bronzeio o bacon. Derramo o conhaque Com o álcool do conhaque, dissolvo as gordurinhas que se pregaram ao fundo da panela. Agrego os cogumelos. Mexo e remexo. Tempero os camarões. Reservo por alguns instantes. Na frigideira, despejo o Ragù. Levo à fervura. Incorporo os camarões. Rebaixo o calor. Cozinho os camarões durante dois, no máximo três minutozinhos. Despejo os *spaghetti* na panela. Salteio e ressalteio, até que a massa atinja o seu ponto justo. No último momento, espalho a salsinha verde.

SPAGHETTI ALLA COMODORA

Ingredientes, para quatro pessoas

500g de spaghetti *já cozidos, um minuto antes do ponto al dente. 4 colheres de sopa de azeite de olivas. 2 colheres de sopa de manteiga. 1/2 xícara de chá de cebola branca, micrometricamente picadinha. 100g de rodelinhas bem limpinhas de lulas. 200g de camarões graúdos, limpinhos e eviscerados, cortados nas suas juntas anatômicas. 100g de mexilhões bem lavados, sem as cascas. 100g de* vongole *bem lavadas, sem as cascas. 4 colheres de sopa de vinho branco, bem seco. 6 xícaras de chá de Ragù Abruzzese (página 60). 4 filés de anchovas, sem as espinhas e bem lavados do seu excesso de salmoura. Um punhado de folhinhas de sálvia. Um punhado de folhinhas de alecrim. 2 colheres de sopa, cheias, de salsinha verde, bem batidinha. Sal.*

Modo de fazer

Numa caçarola de bom tamanho, aqueço o azeite e, nele, derreto a manteiga. Murcho a cebola. Refogo as rodelinhas de lulas. Cubro com o vinho branco. Levo à fervura. Espero que o álcool se evapore. Incorporo o Ragù Abruzzese. Viro e reviro. Levo à fervura. Rebaixo o calor. Adiciono as anchovas. Mexo e remexo, para que as anchovas se desmanchem no molho. Acrescento os camarões, a sálvia e o alecrim. Misturo e remisturo. Se necessário, acerto o ponto do sal. No penúltimo instante, coloco os mexilhões e as *vongole*. Viro e reviro. Espalho a salsinha. Mexo e remexo. Salteio e ressalteio os *spaghetti*. Sirvo, sem nenhum tipo de queijo ralado.

SPAGHETTI CON LE COZZE

Ingredientes, para quatro pessoas

500g de spaghetti *já cozidos, um minuto antes do ponto al dente. 4 colheres de sopa de azeite de olivas. 4 dentes de alho, micrometricamente picadinhos. 300g de belos mexilhões, os machos brancos e as fêmeas alaranjadas, rigorosamente lavadinhos. 5 xícaras de chá de Ragù Abruzzese (página 60). Pimentinha vermelha. Salsinha picadinha. Algumas folhinhas de manjericão.*

Modo de fazer

Numa frigideira bem grande, aqueço o azeite e, nele, refogo o alho. Agrego os mexilhões. Viro e reviro, rapidamente, apenas para que os mariscos se impregnem do azeite e do alho. Despejo o Ragù. Misturo e remisturo. Cozinho por três, quatro minutos, não mais. Tempero, a gosto, com a pimentinha vermelha. Incorporo a massa. Salteio e ressalteio por sessenta segundos. Lanço a salsinha e as folhinhas de manjericão. Misturo e remisturo. Sirvo, sem queijo nenhum.

SPAGHETTI DEL CUOCO STEFANI
(Receita de 1662)

Ingredientes, para quatro pessoas

500g de spaghetti *já cozidos, um minuto antes do ponto* al dente*. 4 colheres de sopa, rasas, de manteiga. 450g de tirinhas de presunto cozido, da mesma espessura mas na metade do comprimento dos* spaghetti*. Algumas pitadinhas de açúcar. Alguns dentinhos de cravo. Algumas pitadinhas de canela em pó. Duas colheres de sopa de sumo de limão, bem coado. 1 xícara de chá de cubinhos de pão torrado, preferivelmente o italiano – embora sirva o pão de fôrma.*

Modo de fazer

Numa frigideira bem grande, aqueço a manteiga e, nela, refogo as tirinhas de presunto. No momento em que o presunto começa a mudar de cor, agrego alguns dentinhos de cravo, pitadinhas de canela, um toque de açúcar e o sumo de limão. Mexo e remexo. Misturo e remisturo. Incorporo os *spaghetti*. Termino a sua preparação na frigideira, virando e revirando com cuidado para os fios não se romperem. Sirvo com os cubinhos de pão torrado por cima.

SPAGHETTI AI FUNGHI DELLA VIVI

Ingredientes, para quatro pessoas

500g de spaghetti já cozidos, instantes antes do ponto al dente. *4 colheres de sopa de azeite de olivas. 5 xícaras de chá de Ragù Semplice alla Napoletana (página 54.) 50g de funghi secchi de boa qualidade. 50g de alcaparras devidamente lavadas. 50g de azeitonas pretas, sem caroços, cortadas em lasquinhas. Sal. Pimenta-do-reino, moída na hora. Noz-moscada.* Pecorino *ralado.*

Modo de fazer

Numa frigideira bem grande, aqueço o azeite e, nele, fogo bem baixo, refogo o Ragù. Incorporo os *funghi*. Sempre em chama suavíssima, mexendo e remexendo, espero que os *funghi* se reidratem. Agrego as alcaparras e as lasquinhas das azeitonas pretas.

Acerto o ponto dos temperos. Despejo os *spaghetti* no molho. Salteio, terminando o seu cozimento. Sirvo, com abundante *pecorino*.

SPAGHETTI COI GAMBERI

Ingredientes, para quatro pessoas

500g de spaghetti *já cozidos, um minuto antes do ponto* al dente. *4 colheres de sopa, cheias, de manteiga. 4 colheres de sopa, cheias, de cebolinha verde, cortada em argolinhas delicadas. 6 xícaras de chá de Ragù Abruzzese (página 60). 20 camarões graúdos, frescos, completamente limpos e eviscerados, cortados nas suas juntas anatômicas. Sal. Pimenta vermelha, do tipo dedo-de-moça, sem sementes, batidinha, a gosto. 4 colheres de sopa de salsinha verde, bem picadinha.*

Modo de fazer

Numa frigideira bem grande, aqueço a manteiga e, nela, refogo a cebolinha verde. Agrego o Ragù Abruzzese. Misturo e remisturo. Levo à fervura. Rebaixo o calor. Incorporo os camarões cortados. Cozinho por dois minutos. Acerto o ponto do sal e da pimenta vermelha. Agrego os *spaghetti*. Por cima deles, pulverizo a salsinha picadinha. Salteio e ressalteio a massa, até que ela chegue no ponto *al dente*, dentro do molho. Sirvo, absolutamente sem queijo nenhum.

SPAGHETTI AL GORGONZOLA

Ingredientes, para quatro pessoas

500g de spaghetti *já cozidos, um minuto antes do ponto* al dente. *2 colheres de sopa de manteiga. 4 1/2 xícaras de chá de Ragù Semplice alla Napoletana (página 54). 2 1/2 xícaras de chá de Gorgonzola pré-desmanchadinho com a ponta de um garfo. Alcaparras, a gosto.*

Modo de fazer

Numa frigideira bem grande, aqueço a manteiga e, nela, aqueço o Ragù. No momento da ebulição, agrego o Gorgonzola. Misturo e remisturo, desmanchando o queijo no Ragù. Despejo um punhado de alcaparras. Mexo e remexo. Termino o cozimento da massa em seu molho.

SPAGHETTI ALLA LUCIANA

Ingredientes, para quatro pessoas

500g de spaghetti. *800g de polvo, já livre de suas vísceras e muito bem lavado. 6 colheres de sopa de azeite de olivas. 4 dentes de alho, esmagadinhos. 4 folhas de louro. 1/2 litro de vinho branco, bem seco. 5 litros de água fresca. Sal. 1 ramo de salsinha verde. 1 pimenta-vermelha, talhada ao meio, no sentido do comprimento. 6 xícaras de chá de Ragù Ricco alla Napoletana (página 55).*

Modo de fazer

Num caldeirão bem grande, aqueço o azeite e, nele, refogo o alho e o louro. Agrego o vinho branco e o polvo. Mexo e remexo. Despejo a água fresca. Mexo e remexo. Tempero com o sal. Tampo a panela e mantenho o fogo vivo. Com a água além de morna, agrego a salsinha e a pimenta. Levo à fervura. Atingida a ebulição, mantenho por mais três minutozinhos. Apago o fogo. Retiro o polvo. Reservo o líquido do cozimento do polvo. Resfrio o polvo numa bacia de água gelada. Relimpo o polvo, eliminando as suas ventosas e a sua pele, que se libertarão facilmente. Corto os tentáculos e a carne do polvo em pedaços equivalentes, de uns dois centímetros de comprimento. Reservo. Filtro o líquido do cozimento do polvo. Coloco cinco litros do líquido do polvo num panelão. Levo à fervura. No momento da ebulição, lanço os *spaghetti* no líquido do polvo. Paralelamente, em fogo baixo, começo a reaquecer o Ragù Ricco alla Napoletana. Incorporo os pedaços de polvo ao Ragù. Mexo e remexo. Retiro os *spaghetti* um pouco antes do ponto *al dente*. Escorro. Salteio e ressalteio a massa no Ragù com os pedaços de polvo.

SPAGHETTI ALLA NORMA

Ingredientes, para quatro pessoas

500g de spaghetti *já cozidos, um minuto antes do ponto* al dente. *4 belas fatias de berinjela, com as cascas, cerca de 1cm de espessura cada qual. Sal. Pimenta-do-reino. Azeite de olivas. 5 xícaras de chá de Ragù Semplice alla Napoletana (página 54). 200g de ricota seca, apimentada, finamente raladinha. Um punhado de folhinhas bem fresquinhas de manjericão.*

Modo de fazer

Tempero as fatias de berinjela com sal e com pimenta-do-reino. Deixo que soltem seus líquidos por duas horas. Escorro. Seco, muito bem, com um pano limpinho. Numa caçarola, aqueço o Ragù. Paralelamente, numa frigideira, em bastante azeite de oliva, frito as fatias de berinjela. Escorro. Reservo. No momento em que o molho começa a borbulhar, incorporo metade da ricota e as folhinhas de manjericão. Misturo e remisturo muito bem. Incorporo os *spaghetti*. Termino o seu cozimento no molho. Separo as porções nos pratos respectivos. No topo de cada qual, deposito uma das fatias de berinjela. Por cima, ainda, espalho o que restou da ricota raladinha.

SPAGHETTI ALLA PIZZAIOLA

Ingredientes, para quatro pessoas

500g de spaghetti *já cozidos, um minuto antes do ponto al dente. 4 colheres de sopa de azeite de olivas. 4 dentes de alho, micrometricamente picadinhos. 300g de lasquinhas de filé mignon, do tamanho de um dedo mindinho de adolescente. Sal. Pimenta-do-reino. 5 xícaras de chá de Ragù Verace alla Napoletana (página 56). Orégano. Um punhado de alcaparras. Um punhado de folhinhas inteiras de salsinha verde. A gosto, queijo do tipo parmesão, raladinho no momento.*

Modo de fazer

Numa frigideira bem grande, aqueço o azeite e, nele, apenas murcho os dentes de alho picadinhos. Coloco as lasquinhas de mignon. Na frigideira, mesmo, tempero a carne com o sal e com a pimenta-do-reino. Mexo e remexo. Douro, homogeneamente. Despejo o Ragù. Levo à fervura. Rebaixo o calor. Acerto o ponto do orégano. Lanço no molho um bom punhado de folhinhas inteiras de salsinha verde. Incorporo o macarrão. Termino o cozimento da massá dentro do molho. Sirvo, com parmesão a gosto – e ainda ofereço uma boa pimentinha vermelha a quem desejar.

SPAGHETTI ALLE POLPETTINE

Ingredientes, para quatro pessoas

500g de spaghetti *já cozidos, um minuto antes do ponto* al dente. *400g de patinho moído, sem gorduras e sem enervações. O miolo de um pão francês, amanhecido, desmanchadinho num pouco de leite. Sal. Pimenta-do-reino. Noz-moscada. 2 ovos, claras e gemas. 50g de uvas passas, sem caroços, picadinhas. 50g de azeitonas pretas, sem caroços, picadinhas. 2 colheres de sopa de licor de amêndoas, o Amaretto. Farinha de trigo. Óleo de milho. 8 xícaras de chá de Ragù Verace alla Napoletana (página 56). Queijo parmesão, ou* pecorino*, de leite de ovelhas, raladinho, a gosto.*

Modo de fazer

Numa terrina funda, combino a carne, o pão desmanchadinho, o sal, a pimenta-do-reino, a noz-moscada, os ovos, as uvas passas, as azeitonas e o licor. Com as mãos, amasso e reamasso, até obter uma pasta bem firme, bem amalgamada e bem homogeneizada. Produzo, então, vinte bolinhas de igual tamanho. Passo na farinha de trigo. Em bastante óleo de milho, já quente o suficiente, frito as polpetinhas até que se mostrem bem bronzeadinhas em seu exterior – atenção, em hipótese alguma eu permito que as bolinhas se grudem no fundo da panela. Retiro. Escorro. Paralelamente, aqueço o Ragù. No momento da ebulição, agrego as polpetinhas. Mexo e remexo, viro e reviro. Rebaixo o calor. Mantenho as pelotinhas no molho por ao menos quinze minutos. Retiro as bolinhas. Rapidamente, salteio e ressalteio os *spaghetti* no Ragù. Sirvo os *spaghetti* com as polpetinhas por cima – e mais, a gosto, parmesão ou *pecorino*, o queijo bem raladinho.

SPAGHETTI COI POMODORI FRESCHI NEL BASÌLICO

Ingredientes, para quatro pessoas

500g de spaghetti *já cozidos, um minuto antes do ponto al dente. 4 colheres de sopa de azeite de olivas. 6 dentes de alho, micrometricamente picadinhos. 4 xícaras de chá de tomates, sem as sementes e sem os seus brancos internos, passados num moedor grosso de carne – jamais um processador, muito menos um liquidificador, por favor. Sal. Pimenta-do-reino. Um punhado de folhinhas frescas de manjericão. Queijo* pecorino, *de leite de ovelhas, ralado em fios.*

Modo de fazer

Numa frigideira bem grande, aqueço o azeite e, nele, apenas murcho os dentes de alho picadinhos. Agrego os tomates moídos. Mexo e remexo, rapidamente. Apenas aqueço os tomates à temperatura ideal, cerca de sessenta graus centígrados. Tempero com o sal, com a pimenta-do-reino e com um bom punhado de folhinhas frescas de manjericão. Incorporo os *spaghetti*. Velozmente, salteio e ressalteio a massa em seu molho. Sirvo com o *pecorino*, a gosto.

SPAGHETTI PRIMAVERA

Ingredientes, para quatro pessoas

500g de spaghetti *já cozidos, justamente no ponto al dente. 8 colheres de sopa de azeite de olivas. Sal. Pimenta-do-reino. 2 colheres de sopa de vinagre balsâmico. 8 tomates bem bonitos, bem rubros, bem firmes, sem as sementes e os brancos internos, cortados em filezinhos. 8 pelotinhas de* mozzarella *de búfala, cortadas em oitavos. Folhinhas fresquinhas de manjericão.*

Modo de fazer

Numa terrina funda, virando e revirando muito bem, emulsiono o azeite, o sal, a pimenta-do-reino e o vinagre balsâmico. Coloco os tomates, a *mozzarella* e as folhinhas de manjericão. Espero dez minutos. Retiro os oitavos de *mozzarella*. Derramo os tomates e as folhinhas de manjericão, com o azeite e o vinagre, numa frigideira bem grande. Aqueço, velozmente, em fogo vivo. Incorporo os *spaghetti*. Viro e reviro. Salteio e ressalteio. Disponho nos pratos respectivos. Por cima da massa e do molho, quentinhos, encaixo charmosamente os oitavos de *mozzarella*. Sirvo, imediatamente.

SPAGHETTI ALLA PUTTANESCA DI ISCHIA

Ingredientes, para quatro pessoas

500g de spaghetti *já cozidos, um minuto antes do ponto* al dente. *6 colheres de sopa de azeite de olivas. 12 dentes de alho, picadinhos. 12 tomates, bem bonitos, bem rubros, bem firmes, sem as peles e sem as sementes, cortados em filezinhos. 4 pimentinhas vermelhas, pequenininhas, sem as sementes, picadinhas. 4 colheres de sopa de alcaparras. 6 colheres de sopa de lasquinhas de azeitonas pretas. 12 filezinhos de anchovas, bem bonitos, bem firmes, sem espinhas e bem lavados do seu excesso de salmoura. 2 colheres de sopa de salsinha verde, bem batidinha. Orégano. Sal.*

Modo de fazer

Numa caçarola de bom tamanho, em fogo vivo, aqueço o azeite e, nele, refogo o alho. Incorporo os tomates. Misturo e remisturo. Agrego as pimentinhas. Rebaixo o calor. Acrescento as alcaparras, as azeitonas e as anchovas. Desmancho as anchovas no molho. Cozinho mais alguns instantezinhos. No derradeiro momento, lanço a salsinha e o orégano. Experimento. Acerto o ponto do sal, se necessário. Lanço os *spaghetti* na panela. Salteio e ressalteio, terminando a sua preparação em seu molho. Sirvo o Puttanesca sem nenhum tipo de queijo de parceria.

SPAGHETTI ALLA SANGIOVANNINO

Ingredientes, para quatro pessoas

500g de spaghetti *já cozidos, exatamente no ponto* al dente. *6 colheres de sopa de azeite de olivas. 4 dentes de alho, finamente laminados. 400g de tomatinhos secos. Sal. Pimenta-do-reino moidinha no momento. 1 colher de chá de pimenta vermelha, calabresa, desidratada. Um bom punhado de folhinhas, inteirinhas, de salsinha verde, ultrafresquinha.*

Modo de fazer

Numa frigideira bem grande, aqueço o azeite e, nele, amacio as lasquinhas de alho. Agrego os tomatinhos secos. Salteio e ressalteio por cinco minutos. Tempero com o sal, a pimenta-do-reino e a pimenta calabresa. Incorporo os *spaghetti*. Misturo e remisturo, rapidamente. Espalho as folhinhas de salsinha. Misturo e remisturo. Sirvo, imediatamente, sem queijo nenhum.

SPAGHETTI CON LE SEPPIE

Ingredientes, para quatro pessoas

500g de spaghetti *já cozidos, um minuto antes do ponto* al dente. *4 colheres de sopa de azeite de olivas. 1 raminho de alecrim fresco. 300g de argolinhas bem limpinhas de lulas. 1/2 xícara de chá de vinho branco, bem seco. 5 xícaras de chá de Ragù Rusticano alla Trapanisi (página 58) ou*

*de Ragù Abruzzese coi Gamberi (página 60).
Salsinha verde, micrometricamente batidinha.*

Modo de fazer

Numa frigideira bem grande, aqueço o azeite e, nele, refogo o alecrim. No momento em que percebo o aroma do alecrim se desperdiçando, agrego as argolinhas de lulas. Mexo e remexo. Banho com o vinho branco. No momento em que percebo o álcool do vinho se evaporando, despejo o Ragù escolhido. Mexo e remexo. Levo à ebulição. Rebaixo o calor. Cozinho, até que as lulas se mostrem bem macias. Incorporo os *spaghetti*. Termino o cozimento da massa no molho. Nos pratos respectivos, espalho por cima a salsinha micrometricamente batidinha.

SPAGHETTI ALLA UGO TOGNAZZI

Ingredientes, para quatro pessoas

500g de spaghetti *já cozidos, um minuto antes do ponto al dente. 50g de manteiga. 1/2 cebola branca, micrometricamente picada. 120g de presunto cru, sem gorduras, cortados em tirinhas. 1/4 de xícara de chá de vinho branco, bem seco. 4 xícaras de chá de Ragù Semplice alla Napoletana (página 54). 120g de salmão defumado, em tirinhas, como as do presunto. 1/2 xícara de chá de creme de leite. O sal necessário. Pimenta-do-reino, moidinha no momento.*

Modo de fazer

Numa frigideira bem grande, derreto a manteiga e, nela, murcho a cebola. Agrego o presunto. Viro e reviro. Banho com o vinho branco. Espero que o álcool se evapore. Acrescento o Ragù. Misturo e remisturo. Levo à fervura. Coloco o salmão. Mexo e remexo por alguns instantes. Despejo o creme de leite. Misturo e remisturo. Acerto, se necessário, o ponto do sal. Incorporo os *spaghetti*. Termino o seu cozimento no molho criado pelo mágico ator italiano. Sobre os pratos respectivos, pulverizo, a gosto, a pimentinha-do-reino moidinha no momento.

SPAGHETTI ALLE VONGOLE

Ingredientes, para quatro pessoas

500g de spaghetti *já cozidos, um minuto antes do ponto* al dente. *12 colheres de sopa de azeite de olivas. 1 belo raminho de alecrim fresco. 1kg de* vongole *frescas, nas cascas. 4 dentes de alho, cortados em palitinhos. 1/2 xícara de chá de vinho branco, bem seco. As polpas de 10 tomates, sem as peles, sem as sementes e sem os seus brancos internos, em dadinhos. Pimentinha vermelha, dedo-de-moça, sem as sementes, picadinha. 4 colheres de sopa, cheias, de salsinha verde, micrometricamente batidinha. Sal. Pimenta-do-reino, moidinha no momento.*

Modo de fazer

Numa frigideira bem grande, aqueço o azeite e, nele, refogo o alecrim. No momento em que percebo o aroma do alecrim se desperdiçando, agrego as *vongole*. Banho com o vinho branco. Levo à fervura. Tampo a panela. Mantenho, até que as *vongole* se abram. Aquelas que permanecerem cerradas eu elimino, sem piedade. Retiro a tampa. Rebaixo o calor. Agrego os dadinhos de tomate. Mexo e remexo, entremeando os dadinhos às *vongole*. Cozinho, até que os dadinhos ameacem se desmanchar. Tempero com a pimentinha vermelha, a salsinha verde, o sal e a pimenta-do-reino. Misturo e remisturo. Lanço os *spaghetti* na panela. Salteio e ressalteio, até que a massa atinja o seu ponto corretinho. Sirvo, imediatamente – sem queijo nenhum.

TAGLIERINI AL FUNGHETTO

Ingredientes, para quatro pessoas

500g de taglierini *ou, na sua ausência,* fettuccine *ou* trenette*, a massa cozida até um minuto antes do ponto al dente. 1 berinjela, sem as cascas, cortada em dadinhos. Sal. 8 colheres de sopa de azeite de olivas. 4 dentes de alho, micrometricamente picadinhos. 2 colheres de sopa de salsinha verde, bem batidinha. 1 abobrinha, cortada em rodelinhas finésimas, com as cascas. 200g de* champignons *frescos, delicadamente laminados. Orégano, a gosto. Sal.*

Modo de fazer

Coloco os dadinhos de berinjela num escorredor de macarrão. Pulverizo com sal. Misturo e remisturo. Espero que os dadinhos de berinjela transpirem bastante, cerca de quinze minutos. Numa frigideira bem larga, aqueço o azeite e, nele, levemente, refogo os dentes de alho. Não permito que o alho se doure. Rebaixo o calor. Agrego a salsinha. Mexo e remexo. Incorporo os dadinhos de berinjela. Misturo e remisturo, até que eles comecem a mudar de cor. Incorporo as rodelinhas de abobrinha. Misturo e remisturo, sem feri-las, até que elas comecem a mudar de cor. Agrego os *champignons*. Misturo e remisturo, até que eles comecem a transpirar. Pulverizo tudo com o orégano, a gosto. Acerto o ponto do sal. Mexo e remexo. Incorporo os *taglierini*. Salteio e ressalteio a massa em seu molho. Sirvo, imediatamente, sem nenhum tipo de queijo.

TAGLIERINI AI FUNGHI FRESCHI

Ingredientes, para quatro pessoas

500g de taglierini *ou, na sua ausência,* fettuccine *ou* trenette, *a massa cozida até alguns instantes antes do ponto justíssimo al dente. 6 colheres de sopa de azeite de olivas. 4 dentes de alho, micrometricamente picadinhos. 300g de cogumelos frescos, delicadamente laminados. 1/2 limão, sem os caroços. Pitadas de tomilho desidratado. 2 xícaras de chá de dadinhos de polpa de tomate.*

Sal. Pimenta-do-reino, moidinha no momento. Salsinha verde, bem batidinha.

Modo de fazer

Numa frigideira bem grande, aqueço o azeite e, nele, rapidamente, refogo o alho. Agrego os cogumelos laminados. Viro e revivo. Tempero com o suco do limão e o tomilho. Viro e reviro. Agrego os dadinhos de tomate. Viro e reviro. Acerto o ponto do sal e da pimenta-do-reino. Viro e reviro. Incorporo os *spaghetti*. Salteio e ressalteio. Sirvo, imediatamente.

TAGLIERINI CON LE OSTRICHE

Ingredientes, para quatro pessoas

500g de taglierini *ou, na sua ausência,* fettuccine *ou* trenette, *a massa cozida até alguns instantes antes do ponto justíssimo al dente. 4 colheres de sopa de manteiga. 1 xícara de chá de bacon, micrometricamente picadinho. 1/2 xícara de chá de vinho branco, bem seco. 32 belas ostras, frescas, cruas, já livres de suas cascas. Sal. Pimenta-do-reino, moidinha no momento.*

Modo de fazer

Numa frigideira bem grande, aqueço a manteiga e, nela, bronzeio o bacon. Despejo o vinho. Com ele, dissolvo as gordurinhas que se pregaram no fundo da panela. Agrego as ostras. Salteio e ressalteio velozmente, não mais de trinta segundos de cada lado. Tempero com o sal e com a pimenta-do-reino. Incorporo a massa. Viro e reviro nas ostras. Sirvo, sem queijo nenhum.

TRENETTE ALLA FUNGATA GENOVESE

Ingredientes, para quatro pessoas

500g de trenette *ou, na sua ausência,* fettuccine *ou* taglierini, *a massa cozida até alguns instantes antes do ponto justíssimo* al dente. *200g de* funghi porcini secchi, *reidratados num pouco de vinho branco e, então, muito bem picadinhos. 1 colher de sopa de pinóis, ou* snoubars, *bem esmagadinhos num pilão. 8 filezinhos de anchovas, sem as espinhas e devidamente lavados da sua salmoura. 2 dentes de alho, moidinhos. 4 colheres de sopa de azeite de oliva. 3 xícaras de chá de tomates, sem as sementes e sem os seus brancos internos, passados num moedor de carne. Sal.*

Modo de fazer

Numa terrina de tamanho adequado, combino muito bem os *funghi* já reidratados, os pinóis, os filezinhos de anchovas e o alho. Numa frigideira bem grande, em fogo vivo, aqueço o azeite. Nele, velozmente, refogo a mistura. Agrego os tomates moídos. Rebaixo o calor. Apenas aqueço, mansamente, virando e revirando. Acerto o ponto do sal. Salteio e ressalteio as *trenette*, até que elas atinjam o seu momento correto, bem *al dente*. Sirvo, sem queijo nenhum de companhia.

TRENETTE COL PESTO GENOVESE

Ingredientes, para quatro pessoas

500g de trenette *ou, na sua ausência,* fettuccine *ou* taglierini*, a massa cozida no ponto justíssimo al dente. 4 xícaras de chá de folhinhas de basilicão ou de manjericão – não serve a alfavaca, por favor. 4 colheres de sobremesa de queijo do tipo* pecorino*, de leite de ovelhas, finamente raladinho. Azeite de olivas, preferivelmente o extravirgem. 4 dentes de alho. 4 colheres de chá de pinóis, ou sementinhas de pinhões, os snoubars dos árabes. Sal grosso.*

Modo de fazer

Com uma tesourinha, elimino as nervuras centrais das folhinhas do basilicão. Coloco todos os verdes num pilão de mármore (também serve um pilão de madeira não utilizado em outras operações). Agrego o *pecorino*. Misturo. Pingo um fio de azeite. Com o amassador do pilão, trabalho e retrabalho por alguns minutos, esmagando as folhinhas. Acrescento o alho, com mais um fio de azeite. Volto a pressionar, esmagando também o alho. Incorporo os pinóis – e mais um fio de azeite. De novo, trabalho e retrabalho, até obter uma pasta bem amalgamada. Agrego um pouco de sal grosso. Repito o esforço, esmagando o sal. Experimento o sabor. Uso mais sal, se necessário. Examino a textura. Uso mais azeite, se necessário. Lembro que o *pesto* me recorda a cremosidade de um unguento, de textura densa e sutil. Não pode ostentar líquido demais. Separo a massa, bem quentinha, em quatro pratos. Por cima da massa, coloco o *pesto*, claro que dividido em partes iguais. Atenção: *pesto* frio. Um *pesto* não se aquece. No máximo, para auxiliar a sua diluição, por cima do *pesto* eu deposito uma colheradazinha da água da preparação da massa.

AGORA, SURPRESA, ADOCE A SUA FANTASIA: DUAS SOBREMESAS COM MACARRÃO

Bem no comecinho deste livreto eu anunciei que o macarrão, a massa, a *pasta*, já existia na Itália, na Sicília, muito antes das celebradas viagens de Marco Polo ao Oriente. Na Sicília, já havia um corte batizado de *trujja* – de onde, obviamente, surgiu a aletria que os mouros árabes carregaram consigo nas suas invasões da Ibéria, particularmente Portugal. Eu encerro o meu trabalho, portanto, homenageando o princípio de tudo, duas versões da aletria, uma clássica, à maneira de antigamente, e outra, perdão, perdão, inventadinha por mim mesmo. A elas.

ALETRIA CLÁSSICA

Ingredientes, para quatro pessoas

500g de cabelinhos-de-anjo, apenas mergulhados em água fervente, com açúcar, o suficiente para se amolecerem. 1 xícara de chá de leite. Seis gemas de ovos. Açúcar. Pitadinhas de canela.

Modo de fazer

Numa terrina funda, desmancho as gemas de ovos no leite. Coloco o açúcar, a gosto. Misturo e remisturo – sem bater. Despejo numa panela. Levo ao fogo brando. Agrego os cabelinhos-de-anjo, bem escorridinhos. Cozinho, até que atinjam o seu ponto justo. Separo nas porções respectivas. Sirvo, imediatamente, com generosas pitadinhas de canela pulverizadas por cima.

ALETRIA À SÍLVIO LANCELLOTTI

Ingredientes, para quatro pessoas

500g de cabelinhos-de-anjo, apenas mergulhados em água fervente, com açúcar, o suficiente para se amolecerem. 4 colheres de sopa de manteiga. 6 colheres de sopa de açúcar. Um bom punhado de fiozinhos de cascas de laranja e de limão, sem os seus brancos internos. 1 cálice de bom conhaque. 1 cálice de licor de laranjas. 4 cálices de mel neutro. Pelotinhas multicoloridas de várias frutas: mamão, manga, melancia, melão, kiwi. 4 bolas de sorvete de creme. Nozes picadinhas.

Modo de fazer

Numa frigideira grande, derreto a manteiga e, nela, dissolvo o açúcar. Adenso a calda por alguns instantes. Despejo os fiozinhos de cascas de laranja e de limão. Mexo e remexo. Tempero a calda com o conhaque e o licor. Engrosso com o mel. Misturo e remisturo. Coloco as pelotinhas. Viro e reviro, rapidamente, o suficiente para que elas se aqueçam. Incorporo os cabelinhos-de-anjo. Termino o seu cozimento na calda. Monto as porções nos pratos respectivos, a massa por baixo, a pelota de sorvete bem no meio, as pelotinhas de frutas ao redor. Enfeito com as nozes picadinhas.

E PARA TERMINAR, UMA ÚLTIMA E IMPRESCINDÍVEL DEFESA DO MACARRÃO

Eu não posso me despedir deste esforço, agradabilíssimo esforço, sem uma pagineta de defesa, impetuosa e viril defesa do sagrado macarrão. Quem diz que o macarrão engorda comete um crime de lesa-majestade. Quem acredita em quem diz que o macarrão engorda, e por isso foge da massa, comete um crime de autoflagelação. Troca a verdade pela estultice.

Chega de difamação. Engordam, mesmo, sim, as gorduras saturadas, aquelas que endurecem à temperatura ambiente e, por isso, obviamente endurecem, também, dentro do organismo, depois de ingeridas. Macarrão, pelo contrário, é um alimento de facílima, rapidérrima digestão. Melhor, na digestão, os hidratos de carbono da massa se transformam em glicogênio, o combustível que acende e estimula a energia corporal. Sabe Você o que um corredor de maratona devora algumas horas antes de enfrentar os seus 42km? Exatamente o macarrão.

Não sou médico e, por isso, passarei longe dos detalhes científicos que mais embasariam a minha explicação. Admito que a massa cria problemas quando se une a algumas substâncias tóxicas das carnes e das gorduras animais, particularmente aquelas do boi. De todo modo, continuo um fanático das teorias do príncipe, filósofo, teósofo e alquimista siciliano Don Enrico Alliata di Salaparuta (1879-1946), bisavô de meu irmão de sangue, companheiro de tantas jornadas musicais, esportivas e gastronômicas, Leonardo Regazzoni di Salaparuta, falecido prematuramente em janeiro de 1987. Dizia o Don: "A melhor e mais nutritiva combinação de pratos da História da Humanidade se inicia com uma bela *pasta* e se encerra com uma saladinha refrescante".

O príncipe escreveu tal frase meio século antes de o cardiologista norte-americano Ansel Keys, mestre da Universidade de Chicago, ter descoberto, em longa pesquisa, onde se localizam os povos com o menor índice de problemas circulatórios do planeta – exatamente no mar Tirreno, nas plagas italianas que sobem da Sicília até a região de Nápoles, o chamado "Mezzogiorno", a terra do sol eterno. Em quase três décadas de investigações, entre os anos 50 e os anos 80, Ansel Keys desenvolveu a tese da Dieta Mediterrânea, baseada no macarrão, nos vegetais, no azeite de olivas e em alguns pescados, como a mais saudável de toda a aventura da Civilização.

Claro, Don Enrico e Ansel Keys têm lá os seus detratores, invejosos da simplicidade de sua sabedoria, da elementaridade brilhante do seu raciocínio. Tudo bem. Que esses detratores esqueçam do macarrão. Sobrará mais *pasta* para nós, os seus felizes idolatradores.

ÍNDICE ANALÍTICO E DE SABORES

Este é um índice especial, eu diria mesmo singular. Obviamente em ordem alfabética, ele exibe todos os tipos de massa por mim citados no livro – e também registra todos os ingredientes essenciais das suas companhias, ou dos seus molhos. Importante: quando eu falo de ingredientes essenciais eu me refiro àqueles de fato protagonistas das alquimias do volume, àqueles responsáveis pela sua base no departamento das cores e dos sabores. Claro, não me preocupei em listar, aqui, os ingredientes secundários e nem os inevitáveis condimentos. A intenção deste índice, afinal, é apenas facilitar a procura do leitor, estimulá-lo a selecionar os seus pratos prediletos.

Abóbora, 121
Abobrinha, 81, 147
Açafrão, 87
Açúcar, 73, 154
Agnillini, 19
Agnolini, 19
Agnolotti, 19, 85, 86
Agrião, 75
Alcachofra, 114
Alcaparra, 64, 74, 139, 143
Alecrim, 61, 63, 94, 144, 146
Aletria, 153, 154
Alface, 75
Alho, 55, 58, 97, 112, 130, 143, 144, 151
Alho-poró, 81
Amaretto, 85
Amêndoa, 74
Anchova, 58, 129, 143, 150
Aneto, 117
Angiolottus, 19
Anolini, 19
Atum, 59, 74
Avemaria, 21, 77
Azeite, 130, 147, 151
Azeitona preta, 56, 64, 74, 108, 127, 143
Azeitona verde, 59, 107

Bacon, 131, 149
Batata, 98, 99
Bavette, 35
Bavettine, 35
Berinjela, 73, 138, 147
Bìgoli, 41
Brócolo, 87
Bucatini, 22, 87, 88, 89
Caldo de galinha, 69
Camarão, 60, 120, 136
Canela, 115, 127, 134, 154
Cannelloni, 23
Capelli d'Angelo, 24
Capellini, 24
Capelvenere, 24
Cappelletti, 26, 77, 90, 111
Caranguejo, 75
Carne de boi, 56, 63, 66, 79, 124, 139
Caviar, 117
Casoncelli, 28, 92
Casônsei, 28, 92
Casonziei, 28
Cavatelli, 30
Cavatieddi, 30
Cebola roxa, 86
Cebolinha verde, 55
Cenoura, 81
Champignon, 72, 115, 120, 147, 148
Cialzons, 28
Clara, 128
Coelho, 61
Cogumelo fresco, 72, 115, 120, 147, 148
Cogumelo seco, 85, 86, 115, 122, 124, 150
Conhaque, 60, 154
Coralli, 21
Cravo, 56, 134
Creme de leite, 86, 88, 95, 98, 108, 121, 145
Cullingiones, 28
Culurzones, 28
Dill, 117
Ditali, 21
Eliche, 43
Erva-doce, 62, 76, 90, 127
Ervilha, 72, 90, 98, 130
Escarola, 75
Estragão, 77
Farinha de trigo, 68
Farinha de rosca, 90
Feijão branco, 81, 82
Festonate, 33
Fettuccine, 29, 93, 94, 95
Fidelini, 41
Fígado, 64
Forati, 22
Frango, 77, 115, 125
Funghi secchi, 85, 86, 119, 120, 122, 124
Fusiddi, 43
Fusilli, 22, 96, 97
Garganelli, 38
Gema de ovo, 88, 128, 154
Gengibre, 116
Gnocchi, 30, 98, 99

Gobbein, 39
Gorgonzola, 85, 126, 136
Gouda, 110
Gravatinhas, 72
Gruyère, 85, 110, 125, 128, 130
Guanciale, 89
Hortelã, 76, 99
Kiwi, 154
Laganelle, 33
Lasagne, 33, 101, 86, 87
Laranja, 47
Leite, 56, 57, 100
Lingue-di-Pàssero, 29
Lingüiça, 51, 104
Linguine, 29
Lula, 79, 101, 121
Macaroni, 25
Maccarrones-a-Ferritus, 35
Maccheroni, 19
Maçã, 64
Malloreddus, 25
Maltagliati, 31
Mamão, 62, 129
Manga, 61, 62, 129
Manjericão, 59, 118, 119, 127
Manteiga, 56, 57, 71, 77, 78, 80
Marubini, 23
Mayonnaise, 64
Mel, 129
Melancia, 62, 129
Melão, 62, 63, 129

Mexilhão, 111, 112
Millerighe, 33
Mozzarella, 71, 85, 101, 102, 104, 111, 116, 126, 142
Noz, 73, 91, 154
Orecchiette, 35, 73, 106
Orecchini, 35
Ostra, 113, 149
Ovo, 95, 97
Paglia-e-Fieno, 29
Pão, 92, 129, 134
Pancetta, 81, 82, 88, 112
Panciuti, 39
Pansòuti, 39
Papardele, 37
Paparele, 37
Parafusos, 71, 107, 108, 110
Pappardelle, 37
Parmesão, 85, 91, 93, 95, 110, 128
Paternostri, 21
Pecorino, 88, 99, 112, 150
Penne, 38, 75, 76, 112, 113, 114, 115, 116, 117, 118, 119
Pepino, 77
Pêra, 77
Perciatelli, 22
Picanha, 66
Pimenta vermelha, 89, 112
Pimentão amarelo, 73
Pimentão verde, 73, 97
Pimentão vermelho, 73, 77, 96
Pinol, 87, 90, 91, 108, 150, 151

Pisarei, 30
Polpetas, 139
Polvo, 137
Presunto cozido, 77, 86, 87, 119, 130, 134
Presunto cru, 64, 76, 86, 90, 95, 109, 128, 145
Ravieux, 39
Ravioli, 39, 92, 111, 119, 120, 121
Ravioux, 39
Recchie, 35
Recchietelle, 35
Reginelle, 33
Ricchielle, 35
Ricota, 102, 106, 118, 125, 138
Rigatoni, 40, 74, 101, 122, 124, 125, 126, 127
Rúcula, 71
Salame, 118
Salsão, 81, 82
Salmão, 95, 117, 145
Salsicha, 110
Sálvia, 85
Sardinha, 59
Sedani, 22
Segurelha, 72
Sépia, 94
Shiitake, 72
Sorvete, 154
Spaghetti, 41, 129, 130, 131, 132, 133, 134, 135, 136, 137, 138, 139, 140, 141, 142, 143, 144, 145, 146
Spaghettini, 24
Tagliatelle, 29
Taglierine, 29, 147, 148
Taglioline, 29
Tajarin, 29
Tocconi, 38
Toicinho, 66, 119
Tomate, 54, 71, 74, 81, 82, 97, 107, 114, 141, 142, 146, 150
Tomate seco, 144
Tomilho, 148
Torchii, 41
Tortelloni, 26
Tortiglioni, 40
Trenette, 45, 150, 151
Trenette Avvantaggae, 45
Troffie, 30
Turtei, 39
Turtlein, 26
Uva passa, 56, 73, 87, 90
Vagem, 80
Vermicelli, 41
Vermicellini, 41
Vinagre, 73
Vinho da Madeira, 76
Vinho do Porto, 121
Vinho Marsala, 76
Vinho branco, 147, 149
Vinho tinto, 66, 119
Vongole, 132, 146

ÍNDICE GERAL DAS RECEITAS

MACARRÃO (PASTAS)
Agnolotti burro e sàlvia, 85
Agnolotti alla piemontese coi funghi secchi, 85
Agnolotti al doppio prosciutto, 86
Bucatini coi broccoletti alla siciliana, 87
Bucatini alla carbonara, 88
Bucatini all'amatriciana, 89
Bucatini alla palermitana, 90
Cappelletti alla parmense, 90
Cappelletti alla pignolata, 91
Casônsei alla mantovana, 92
Fettuccine Alfredo di Roma, 93
Fettuccine alla Giorgio, 93
Fettuccine magistrali, 94
Fettuccine alla papalina, 95
Fusilli alla maniera di Paola, 96
Fusilli coi pomodori al forno, 97
Gnocchi alla ghiotta, 98
Gnocchi sardi con la menta, 99
Lasagne bugiarde alla Sílvio Lancellotti, 101
Lasagne verdi alla napoletana, 102
Lasagne verìssime alla emiliana, 104
Orecchiette con la ricotta dura, 106
Parafusos alla catanzarese, 107

Parafusos alla murarese, 108
Parafusos alla napoletanina, 109
Parafusos ai quattro formaggi, 110
Pasta dei bambinetti, 110
Pasta incacciata, 111
Penne all'arrabbiata, 112
Penne con la crema di ostriche, 113
Penne lìgure con carciofe, 114
Penne alla piacentina, 115
Penne pizza alla Sílvio Lancellotti, 116
Penne al salmone, 117
Penne alla trentina, 118
Penne col sugo del stracotto, 119
Ravioli alla fungata alpina, 119
Ravioli alla lombarda, 120
Ravioli nella salsa di zucca, 121
Rigatoni alla Alberoni, 122
Rigatoni alla burina, 123
Rigatoni alla contadina, 124
Rigatoni Escoffier, 125
Rigatoni al gratin, 126
Rigatoni al gratin pazzo, 126
Rigatoni alla garfagnina, 127
Rigatoni all'impiedi, 128
Spaghetti all'acciugata, 129
Spaghetti aglio ed olio, 130
Spaghetti alla bersagliera, 130
Spaghetti alla bucaniera, 131
Spaghetti alla comodora, 132
Spaghetti con le cozze, 133
Spaghetti del cuoco Stefani (receita de 1662), 134

Spaghetti al Funghi della Vivi, 135
Spaghetti coi gamberi, 136
Spaghetti al gorgonzola, 136
Spaghetti alla Luciana, 137
Spaghetti alla Norma, 138
Spaghetti alla pizzaiola, 139
Spaghetti alle polpettine, 140
Spaghetti coi pomodori freschi nel basìlico, 141
Spaghetti primavera, 142
Spaghetti alla puttanesca di Ischia, 143
Spaghetti alla sangiovannino, 144
Spaghetti con le seppie, 144
Spaghetti alla UgoTognazzi, 145
Spaghetti alle vongole, 146
Taglierini al funghetto, 147
Taglierini ai funghi freschi, 148
Taglierini con le ostriche, 149
Trenette alla fungata genovese, 150
Trenette col pesto genovese, 151

Sobremesas com macarrão
Aletria clássica, 153
Aletria à Sílvio Lancellotti, 154

Ragùs e Molhos
Ragù semplice alla napoletana, 54
Ragù ricco alla napoletana, 55
Ragù verace alla napoletana, 56
Ragù rusticano alla trapanisi, 58
Ragù siciliano con le sarde, 59
Ragù siciliano con il tonno, 59

Ragù abruzzese coi gamberi, 60
Ragù toscano con il coniglio, 61
Ragù semplice alla calabrese, 62
Ragù ricco alla calabrese, 63
Ragù vero alla perugina, 64
Ragù vero alla bolognese, 66
Ragù del brasato, 66
Molho béchamel, 68
Molho branco, 69

SALADAS
Salada caprese de parafusos e rúcula, 71
Salada boscaiola de gravatinhas e cogumelos, 72
Salada caponata de orecchiette, 73
Salada audaciosa de rigatoni, atum e mangas, 74
Salada kanikama de penas lisas, caranguejo e frutas, 75
Salada clássica de penas rajadas, presunto cru e melão, 76
Salada mayonnaise de frango e avemarias, 77

SOPAS
Cappelletti in brodo, 79
Minestrone, 81

Sobre o Autor

Arquiteto e jornalista, a partir da década de 1980, Sílvio Lancellotti decidiu profissionalizar os seus *hobbies*. Deste então, de maneira quase exclusiva ele se dedica à Gastronomia e ao Esporte, as suas maiores paixões, depois da sua família, é claro, e dos seus cachorros. Já correu o mundo, das Bermudas à Itália, como organizador de festivais de culinária. Na Suécia, além de pessoalmente servir os monarcas Carlos Gustavo e Sylvia Renata, cuidou da reciclagem dos chefes-de-cozinha do palácio real. Escreveu vários livros de Gastronomia. No departamento do Esporte, também acaba de lançar um trabalho de fôlego gigantesco, uma história completa, prova por prova, de todos os Jogos da agora centenária Olimpíada Moderna, desde 1896. Além de escrever, Sílvio Lancellotti apresenta programas de culinária, comenta o futebol internacional em emissoras de TV – e dirige, em São Paulo, a Academia Brasileira de Cozinha, uma escola para amantes da boa mesa, donos e funcionários de hotéis e restaurantes de todo o País.

Coleção **L&PM** POCKET

1. Catálogo geral da Coleção
2. Poesias – Fernando Pessoa
3. O livro dos sonetos – org. Sergio Faraco
4. Hamlet – Shakespeare / trad. Millôr
5. Isadora, frag. autobiográficos – Isadora Duncan
6. Histórias sicilianas – G. Lampedusa
7. O relato de Arthur Gordon Pym – Edgar A. Poe
8. A mulher mais linda da cidade – Bukowski
9. O fim de Montezuma – Hernan Cortez
10. A ninfomania – D. T. Bienville
11. As aventuras de Robinson Crusoé – D. Defoe
12. Histórias de amor – A. Bioy Casares
13. Armadilha mortal – Roberto Arlt
14. Contos de fantasmas – Daniel Defoe
15. Os pintores cubistas – G. Apollinaire
16. A morte de Ivan Ilitch – L.Tolstói
17. A desobediência civil – D. H. Thoreau
18. Liberdade, liberdade – F. Rangel e M. Fernandes
19. Cem sonetos de amor – Pablo Neruda
20. Mulheres – Eduardo Galeano
21. Cartas a Théo – Van Gogh
22. Don Juan – Molière / Trad. Millôr Fernandes
24. Horla – Guy de Maupassant
25. O caso de Charles Dexter Ward – Lovecraft
26. Vathek – William Beckford
27. Hai-Kais – Millôr Fernandes
28. Adeus, minha adorada – Raymond Chandler
29. Cartas portuguesas – Mariana Alcoforado
30. A mensageira das violetas – Florbela Espanca
31. Espumas flutuantes – Castro Alves
32. Dom Casmurro – Machado de Assis
34. Alves & Cia. – Eça de Queiroz
35. Uma temporada no inferno – A. Rimbaud
36. A corresp. de Fradique Mendes – Eça de Queiroz
38. Antologia poética – Olavo Bilac
39. O rei Lear – Shakespeare
40. Memórias póstumas de Brás Cubas – M. de Assis
41. Que loucura! – Woody Allen
42. O duelo – Casanova
44. Gentidades – Darcy Ribeiro
45. Mem. de um Sarg. de Milícias – M. A. de Almeida
46. Os escravos – Castro Alves
47. O desejo pego pelo rabo – Pablo Picasso
48. Os inimigos – Máximo Gorki
49. O colar de veludo – Alexandre Dumas
50. Livro dos bichos – Vários
51. Quincas Borba – Machado de Assis
53. O exército de um homem só – Moacyr Scliar
54. Frankenstein – Mary Shelley
55. Dom Segundo Sombra – Ricardo Güiraldes
56. De vagões e vagabundos – Jack London
57. O homem bicentenário – Isaac Asimov
58. A viuvinha – José de Alencar
59. Contos das cortesãs – org. de Sergio Faraco
60. Últimos poemas – Pablo Neruda
61. A moreninha – Joaquim Manuel de Macedo
62. Cinco minutos – José de Alencar
63. Saber envelhecer e a amizade – Cícero
64. Enquanto a noite não chega – J. Guimarães
65. Tufão – Joseph Conrad
66. Aurélia – Gérard de Nerval
67. I-Juca-Pirama – Gonçalves Dias
68. Fábulas – Esopo
69. Teresa Filósofa – Anônimo do Séc. XVIII
70. Avent. inéditas de Sherlock Holmes – A. C. Doyle
71. Quintana de bolso – Mario Quintana
72. Antes e depois – Paul Gauguin
73. A morte de Olivier Bécaille – Émile Zola
74. Iracema – José de Alencar
75. Iaiá Garcia – Machado de Assis
76. Utopia – Tomás Morus
77. Sonetos para amar o amor – Camões
78. Carmem – Prosper Mérimée
79. Senhora – José de Alencar
80. Hagar, o horrível 1 – Dik Browne
81. O coração das trevas – Joseph Conrad
82. Um estudo em vermelho – Arthur Conan Doyle
83. Todos os sonetos – Augusto dos Anjos
84. A propriedade é um roubo – P.-J. Proudhon
85. Drácula – Bram Stoker
86. O marido complacente – Sade
87. De profundis – Oscar Wilde
88. Sem plumas – Woody Allen
89. Os bruzundangas – Lima Barreto
90. O cão dos Baskervilles – Arthur Conan Doyle
91. Paraísos artificiais – Charles Baudelaire
92. Cândido, ou o otimismo – Voltaire
93. Triste fim de Policarpo Quaresma – Lima Barreto
94. Amor de perdição – Camilo Castelo Branco
95. A megera domada – Shakespeare / trad. Millôr
96. O mulato – Aluísio Azevedo
97. O alienista – Machado de Assis
98. O livro dos sonhos – Jack Kerouac
99. Noite na taverna – Álvares de Azevedo
100. Aura – Carlos Fuentes
102. Contos gauchescos e Lendas do sul – Simões Lopes Neto
103. O cortiço – Aluísio Azevedo
104. Marília de Dirceu – T. A. Gonzaga
105. O Primo Basílio – Eça de Queiroz
106. O ateneu – Raul Pompéia
107. Um escândalo na Boêmia – Arthur Conan Doyle
108. Contos – Machado de Assis
109. 200 Sonetos – Luis Vaz de Camões
110. O príncipe – Maquiavel
111. A escrava Isaura – Bernardo Guimarães
112. O solteirão nobre – Conan Doyle
114. Shakespeare de A a Z – Shakespeare
115. A relíquia – Eça de Queiroz
117. Livro do corpo – Vários
118. Lira dos 20 anos – Álvares de Azevedo
119. Esaú e Jacó – Machado de Assis
120. A barcarola – Pablo Neruda
121. Os conquistadores – Júlio Verne
122. Contos breves – G. Apollinaire
123. Taipi – Herman Melville
124. Livro dos desaforos – org. de Sergio Faraco
125. A mão e a luva – Machado de Assis

126. **Doutor Miragem** – Moacyr Scliar
127. **O penitente** – Isaac B. Singer
128. **Diários da descoberta da América** – C. Colombo
129. **Édipo Rei** – Sófocles
130. **Romeu e Julieta** – Shakespeare
131. **Hollywood** – Charles Bukowski
132. **Billy the Kid** – Pat Garrett
133. **Cuca fundida** – Woody Allen
134. **O jogador** – Dostoiévski
135. **O livro da selva** – Rudyard Kipling
136. **O vale do terror** – Arthur Conan Doyle
137. **Dançar tango em Porto Alegre** – S. Faraco
138. **O gaúcho** – Carlos Reverbel
139. **A volta ao mundo em oitenta dias** – J. Verne
140. **O livro dos esnobes** – W. M. Thackeray
141. **Amor & morte em Poodle Springs** – Raymond Chandler & R. Parker
142. **As aventuras de David Balfour** – Stevenson
143. **Alice no país das maravilhas** – Lewis Carroll
144. **A ressurreição** – Machado de Assis
145. **Inimigos, uma história de amor** – I. Singer
146. **O Guarani** – José de Alencar
147. **A cidade e as serras** – Eça de Queiroz
148. **Eu e outras poesias** – Augusto dos Anjos
149. **A mulher de trinta anos** – Balzac
150. **Pomba enamorada** – Lygia F. Telles
151. **Contos fluminenses** – Machado de Assis
152. **Antes de Adão** – Jack London
153. **Intervalo amoroso** – A. Romano de Sant'Anna
154. **Memorial de Aires** – Machado de Assis
155. **Naufrágios e comentários** – Cabeza de Vaca
156. **Ubirajara** – José de Alencar
157. **Textos anarquistas** – Bakunin
159. **Amor de salvação** – Camilo Castelo Branco
160. **O gaúcho** – José de Alencar
161. **O livro das maravilhas** – Marco Polo
162. **Inocência** – Visconde de Taunay
163. **Helena** – Machado de Assis
164. **Uma estação de amor** – Horácio Quiroga
165. **Poesia reunida** – Martha Medeiros
166. **Memórias de Sherlock Holmes** – Conan Doyle
167. **A vida de Mozart** – Stendhal
168. **O primeiro terço** – Neal Cassady
169. **O mandarim** – Eça de Queiroz
170. **Um espinho de marfim** – Marina Colasanti
171. **A ilustre Casa de Ramires** – Eça de Queiroz
172. **Lucíola** – José de Alencar
173. **Antígona** – Sófocles - trad. Donaldo Schüler
174. **Otelo** – William Shakespeare
175. **Antologia** – Gregório de Matos
176. **A liberdade de imprensa** – Karl Marx
177. **Casa de pensão** – Aluísio Azevedo
178. **São Manuel Bueno, Mártir** – Unamuno
179. **Primaveras** – Casimiro de Abreu
180. **O noviço** – Martins Pena
181. **O sertanejo** – José de Alencar
182. **Eurico, o presbítero** – Alexandre Herculano
183. **O signo dos quatro** – Conan Doyle
184. **Sete anos no Tibet** – Heinrich Harrer
185. **Vagamundo** – Eduardo Galeano
186. **De repente acidentes** – Carl Solomon
187. **As minas de Salomão** – Rider Haggar
188. **Uivo** – Allen Ginsberg
189. **A ciclista solitária** – Conan Doyle
190. **Os seis bustos de Napoleão** – Conan Doyle
191. **Cortejo do divino** – Nelida Piñon
194. **Os crimes do amor** – Marquês de Sade
195. **Besame Mucho** – Mário Prata
196. **Tuareg** – Alberto Vázquez-Figueroa
197. **O longo adeus** – Raymond Chandler
199. **Notas de um velho safado** – C. Bukowski
200. **111 ais** – Dalton Trevisan
201. **O nariz** – Nicolai Gogol
202. **O capote** – Nicolai Gogol
203. **Macbeth** – William Shakespeare
204. **Heráclito** – Donaldo Schüler
205. **Você deve desistir, Osvaldo** – Cyro Martins
206. **Memórias de Garibaldi** – A. Dumas
207. **A arte da guerra** – Sun Tzu
208. **Fragmentos** – Caio Fernando Abreu
209. **Festa no castelo** – Moacyr Scliar
210. **O grande deflorador** – Dalton Trevisan
212. **Homem do princípio ao fim** – Millôr Fernandes
213. **Aline e seus dois namorados (1)** – A. Iturrusgarai
214. **A juba do leão** – Sir Arthur Conan Doyle
215. **Assassino metido a esperto** – R. Chandler
216. **Confissões de um comedor de ópio** – T. De Quincey
217. **Os sofrimentos do jovem Werther** – Goethe
218. **Fedra** – Racine / Trad. Millôr Fernandes
219. **O vampiro de Sussex** – Conan Doyle
220. **Sonho de uma noite de verão** – Shakespeare
221. **Dias e noites de amor e de guerra** – Galeano
222. **O Profeta** – Khalil Gibran
223. **Flávia, cabeça, tronco e membros** – M. Fernandes
224. **Guia da ópera** – Jeanne Suhamy
225. **Macário** – Álvares de Azevedo
226. **Etiqueta na prática** – Celia Ribeiro
227. **Manifesto do partido comunista** – Marx & Engels
228. **Poemas** – Millôr Fernandes
229. **Um inimigo do povo** – Henrik Ibsen
230. **O paraíso destruído** – Frei B. de las Casas
231. **O gato no escuro** – Josué Guimarães
232. **O mágico de Oz** – L. Frank Baum
233. **Armas no Cyrano's** – Raymond Chandler
234. **Max e os felinos** – Moacyr Scliar
235. **Nos céus de Paris** – Alcy Cheuiche
236. **Os bandoleiros** – Schiller
237. **A primeira coisa que eu botei na boca** – Deonísio da Silva
238. **As aventuras de Simbad, o marújo**
239. **O retrato de Dorian Gray** – Oscar Wilde
240. **A carteira de meu tio** – J. Manuel de Macedo
241. **A luneta mágica** – J. Manuel de Macedo
242. **A metamorfose** – Kafka
243. **A flecha de ouro** – Joseph Conrad
244. **A ilha do tesouro** – R. L. Stevenson
245. **Marx - Vida & Obra** – José A. Giannotti
246. **Gênesis**
247. **Unidos para sempre** – Ruth Rendell
248. **A arte de amar** – Ovídio
249. **O sono eterno** – Raymond Chandler
250. **Novas receitas do Anonymus Gourmet** – J.A.P.M.
251. **A nova catacumba** – Arthur Conan Doyle
252. **Dr. Negro** – Arthur Conan Doyle
253. **Os voluntários** – Moacyr Scliar
254. **A bela adormecida** – Irmãos Grimm

255. O príncipe sapo – Irmãos Grimm
256. Confissões e Memórias – H. Heine
257. Viva o Alegrete – Sergio Faraco
258. Vou estar esperando – R. Chandler
259. A senhora Beate e seu filho – Schnitzler
260. O ovo apunhalado – Caio Fernando Abreu
261. O ciclo das águas – Moacyr Scliar
262. Millôr Definitivo – Millôr Fernandes
264. Viagem ao centro da Terra – Júlio Verne
265. A dama do lago – Raymond Chandler
266. Caninos brancos – Jack London
267. O médico e o monstro – R. L. Stevenson
268. A tempestade – William Shakespeare
269. Assassinatos na rua Morgue – E. Allan Poe
270. 99 corruíras nanicas – Dalton Trevisan
271. Broquéis – Cruz e Sousa
272. Mês de cães danados – Moacyr Scliar
273. Anarquistas – vol. 1 – A idéia – G. Woodcock
274. Anarquistas – vol. 2 – O movimento – G. Woodcock
275. Pai e filho, filho e pai – Moacyr Scliar
276. As aventuras de Tom Sawyer – Mark Twain
277. Muito barulho por nada – W. Shakespeare
278. Elogio da loucura – Erasmo
279. Autobiografia de Alice B. Toklas – G. Stein
280. O chamado da floresta – J. London
281. Uma agulha para o diabo – Ruth Rendell
282. Verdes vales do fim do mundo – A. Bivar
283. Ovelhas negras – Caio Fernando Abreu
284. O fantasma de Canterville – O. Wilde
285. Receitas de Yayá Ribeiro – Celia Ribeiro
286. A galinha degolada – H. Quiroga
287. O último adeus de Sherlock Holmes – A. Conan Doyle
288. A. Gourmet em Histórias de cama & mesa – J. A. Pinheiro Machado
289. Topless – Martha Medeiros
290. Mais receitas do Anonymus Gourmet – J. A. Pinheiro Machado
291. Origens do discurso democrático – D. Schüler
292. Humor politicamente incorreto – Nani
293. O teatro do bem e do mal – E. Galeano
294. Garibaldi & Manoela – J. Guimarães
295. 10 dias que abalaram o mundo – John Reed
296. Numa fria – Charles Bukowski
297. Poesia de Florbela Espanca vol. 1
298. Poesia de Florbela Espanca vol. 2
299. Escreva certo – E. Oliveira e M. E. Bernd
300. O vermelho e o negro – Stendhal
301. Ecce homo – Friedrich Nietzsche
302(7). Comer bem, sem culpa – Dr. Fernando Lucchese, A. Gourmet e Iotti
303. O livro de Cesário Verde – Cesário Verde
305. 100 receitas de macarrão – S. Lancellotti
306. 160 receitas de molhos – S. Lancellotti
307. 100 receitas light – H. e Â. Tonetto
308. 100 receitas de sobremesas – Celia Ribeiro
309. Mais de 100 dicas de churrasco – Leon Diziekaniak
310. 100 receitas de acompanhamentos – C. Cabeda
311. Honra ou vendetta – S. Lancellotti
312. A alma do homem sob o socialismo – Oscar Wilde
313. Tudo sobre Yôga – Mestre De Rose
314. Os varões assinalados – Tabajara Ruas
315. Édipo em Colono – Sófocles
316. Lisístrata – Aristófanes / trad. Millôr
317. Sonhos do Bunker Hill – John Fante
318. Os deuses de Raquel – Moacyr Scliar
319. O colosso de Marússia – Henry Miller
320. As eruditas – Molière / trad. Millôr
321. Radicci 1 – Iotti
322. Os Sete contra Tebas – Ésquilo
323. Brasil Terra à vista – Eduardo Bueno
324. Radicci 2 – Iotti
325. Júlio César – William Shakespeare
326. A carta de Pero Vaz de Caminha
327. Cozinha Clássica – Sílvio Lancellotti
328. Madame Bovary – Gustave Flaubert
329. Dicionário do viajante insólito – M. Sciar
330. O capitão saiu para o almoço... – Bukowski
331. A carta roubada – Edgar Allan Poe
332. É tarde para saber – Josué Guimarães
333. O livro de bolso da Astrologia – Maggy Harrisonx e Mellina Li
334. 1933 foi um ano ruim – John Fante
335. 100 receitas de arroz – Aninha Comas
336. Guia prático do Português correto – vol. 1 – Cláudio Moreno
337. Bartleby, o escriturário – H. Melville
338. Enterrem meu coração na curva do rio – Dee Brown
339. Um conto de Natal – Charles Dickens
340. Cozinha sem segredos – J. A. P. Machado
341. A dama das Camélias – A. Dumas Filho
342. Alimentação saudável – H. e Â. Tonetto
343. Continhos galantes – Dalton Trevisan
344. A Divina Comédia – Dante Alighieri
345. A Dupla Sertanojo – Santiago
346. Cavalos do amanhecer – Mario Arregui
347. Biografia de Vincent van Gogh por sua cunhada – Jo van Gogh-Bonger
348. Radicci 3 – Iotti
349. Nada de novo no front – E. M. Remarque
350. A hora dos assassinos – Henry Miller
351. Flush - Memórias de um cão – Virginia Woolf
352. A guerra no Bom Fim – M. Sciar
353(1). O caso Saint-Fiacre – Simenon
354(2). Morte na alta sociedade – Simenon
355(3). O cão amarelo – Simenon
356(4). Maigret e o homem do banco – Simenon
357. As uvas e o vento – Pablo Neruda
358. On the road – Jack Kerouac
359. O coração amarelo – Pablo Neruda
360. Livro das perguntas – Pablo Neruda
361. Noite de Reis – William Shakespeare
362. Manual de Ecologia – vol.1 – J. Lutzenberger
363. O mais longo dos dias – Cornelius Ryan
364. Foi bom prá você? – Nani
365. Crepusculário – Pablo Neruda
366. A comédia dos erros – Shakespeare
367(5). A primeira investigação de Maigret – Simenon
368(6). As férias de Maigret – Simenon
369. Mate-me por favor (vol.1) – L. McNeil
370. Mate-me por favor (vol.2) – L. McNeil
371. Carta ao pai – Kafka
372. Os vagabundos iluminados – J. Kerouac
373(7). O enforcado – Simenon

374(8).A fúria de Maigret – Simenon
375.Vargas, uma biografia política – H. Silva
376.Poesia reunida (vol.1) – A. R. de Sant'Anna
377.Poesia reunida (vol.2) – A. R. de Sant'Anna
378.Alice no país do espelho – Lewis Carroll
379.Residência na Terra 1 – Pablo Neruda
380.Residência na Terra 2 – Pablo Neruda
381.Terceira Residência – Pablo Neruda
382.O delírio amoroso – Bocage
383.Futebol ao sol e à sombra – E. Galeano
384(9).O porto das brumas – Simenon
385(10).Maigret e seu morto – Simenon
386.Radicci 4 – Iotti
387.Boas maneiras & sucesso nos negócios – Celia Ribeiro
388.Uma história Farroupilha – M. Scliar
389.Na mesa ninguém envelhece – J. A. P. Machado
390.200 receitas inéditas do Anonymus Gourmet – J. A. Pinheiro Machado
391.Guia prático do Português correto – vol.2 – Cláudio Moreno
392.Breviário das terras do Brasil – Assis Brasil
393.Cantos Cerimoniais – Pablo Neruda
394.Jardim de Inverno – Pablo Neruda
395.Antonio e Cleópatra – William Shakespeare
396.Tróia – Cláudio Moreno
397.Meu tio matou um cara – Jorge Furtado
398.O anatomista – Federico Andahazi
399.As viagens de Gulliver – Jonathan Swift
400.Dom Quixote – (v. 1) – Miguel de Cervantes
401.Dom Quixote – (v. 2) – Miguel de Cervantes
402.Sozinho no Pólo Norte – Thomaz Brandolin
403.Matadouro 5 – Kurt Vonnegut
404.Delta de Vênus – Anaïs Nin
405.O melhor de Hagar 2 – Dik Browne
406.É grave Doutor? – Nani
407.Orai pornô – Nani
408(11).Maigret em Nova York – Simenon
409(12).O assassino sem rosto – Simenon
410(13).O mistério das jóias roubadas – Simenon
411.A irmãzinha – Raymond Chandler
412.Três contos – Gustave Flaubert
413.De ratos e homens – John Steinbeck
414.Lazarilho de Tormes – Anônimo do séc. XVI
415.Triângulo das águas – Caio Fernando Abreu
416.100 receitas de carnes – Sílvio Lancellotti
417.Histórias de robôs: vol. 1 – org. Isaac Asimov
418.Histórias de robôs: vol. 2 – org. Isaac Asimov
419.Histórias de robôs: vol. 3 – org. Isaac Asimov
420.O país dos centauros – Tabajara Ruas
421.A república de Anita – Tabajara Ruas
422.A carga dos lanceiros – Tabajara Ruas
423.Um amigo de Kafka – Isaac Singer
424.As alegres matronas de Windsor – Shakespeare
425.Amor e exílio – Isaac Bashevis Singer
426.Use & abuse do seu signo – Marília Fiorillo e Marylou Simonsen
427.Pigmaleão – Bernard Shaw
428.As fenícias – Eurípides
429.Everest – Thomaz Brandolin
430.A arte de furtar – Anônimo do séc. XVI
431.Billy Bud – Herman Melville
432.A rosa separada – Pablo Neruda
433.Elegia – Pablo Neruda
434.A garota de Cassidy – David Goodis
435.Como fazer a guerra: máximas de Napoleão – Balzac
436.Poemas escolhidos – Emily Dickinson
437.Gracias por el fuego – Mario Benedetti
438.O sofá – Crébillon Fils
439.O "Martín Fierro" – Jorge Luis Borges
440.Trabalhos de amor perdidos – W. Shakespeare
441.O melhor de Hagar 3 – Dik Browne
442.Os Maias (volume1) – Eça de Queiroz
443.Os Maias (volume2) – Eça de Queiroz
444.Anti-Justine – Restif de La Bretonne
445.Juventude – Joseph Conrad
446.Contos – Eça de Queiroz
447.Janela para a morte – Raymond Chandler
448.Um amor de Swann – Marcel Proust
449.À paz perpétua – Immanuel Kant
450.A conquista do México – Hernan Cortez
451.Defeitos escolhidos e 2000 – Pablo Neruda
452.O casamento do céu e do inferno – William Blake
453.A primeira viagem ao redor do mundo – Antonio Pigafetta
454(14).Uma sombra na janela – Simenon
455(15).A noite da encruzilhada – Simenon
456(16).A velha senhora – Simenon
457.Sartre – Annie Cohen-Solal
458.Discurso do método – René Descartes
459.Garfield em grande forma (1) – Jim Davis
460.Garfield está de dieta (2) – Jim Davis
461.O livro das feras – Patricia Highsmith
462.Viajante solitário – Jack Kerouac
463.Auto da barca do inferno – Gil Vicente
464.O livro vermelho dos pensamentos de Millôr – Millôr Fernandes
465.O livro dos abraços – Eduardo Galeano
466.Voltaremos! – José Antonio Pinheiro Machado
467.Rango – Edgar Vasques
468(8).Dieta mediterrânea – Dr. Fernando Lucchese e José Antonio Pinheiro Machado
469.Radicci 5 – Iotti
470.Pequenos pássaros – Anaïs Nin
471.Guia prático do Português correto – vol.3 – Cláudio Moreno
472.Atire no pianista – David Goodis
473.Antologia Poética – García Lorca
474.Alexandre e César – Plutarco
475.Uma espiã na casa do amor – Anaïs Nin
476.A gorda do Tiki Bar – Dalton Trevisan
477.Garfield um gato de peso (3) – Jim Davis
478.Canibais – David Coimbra
479.A arte de escrever – Arthur Schopenhauer
480.Pinóquio – Carlo Collodi
481.Misto-quente – Charles Bukowski
482.A lua na sarjeta – David Goodis
483.O melhor do Recruta Zero (1) – Mort Walker
484.Aline: TPM – tensão pré-monstrual (2) – Adão Iturrusgarai
485.Sermões do Padre Antonio Vieira
486.Garfield numa boa (4) – Jim Davis
487.Mensagem – Fernando Pessoa
488.Vendeta *seguido de* A paz conjugal – Balzac
489.Poemas de Alberto Caeiro – Fernando Pessoa

490. Ferragus – Honoré de Balzac
491. A duquesa de Langeais – Honoré de Balzac
492. A menina dos olhos de ouro – Honoré de Balzac
493. O lírio do vale – Honoré de Balzac
494. (17). A barcaça da morte – Simenon
495. (18). As testemunhas rebeldes – Simenon
496. (19). Um engano de Maigret – Simenon
497. (1). A noite das bruxas – Agatha Christie
498. (2). Um passe de mágica – Agatha Christie
499. (3). Nêmesis – Agatha Christie
500. Esboço para uma teoria das emoções – Sartre
501. Renda básica de cidadania – Eduardo Suplicy
502. (1). Pílulas para viver melhor – Dr. Lucchese
503. (2). Pílulas para prolongar a juventude – Dr. Lucchese
504. (3). Desembarcando o diabetes – Dr. Lucchese
505. (4). Desembarcando o sedentarismo – Dr. Fernando Lucchese e Cláudio Castro
506. (5). Desembarcando a hipertensão – Dr. Lucchese
507. (6). Desembarcando o colesterol – Dr. Fernando Lucchese e Fernanda Lucchese
508. Estudos de mulher – Balzac
509. O terceiro tira – Flann O'Brien
510. 100 receitas de aves e ovos – J. A. P. Machado
511. Garfield em toneladas de diversão (5) – Jim Davis
512. Trem-bala – Martha Medeiros
513. Os cães ladram – Truman Capote
514. O Kama Sutra de Vatsyayana
515. O crime do Padre Amaro – Eça de Queiroz
516. Odes de Ricardo Reis – Fernando Pessoa
517. O inverno da nossa desesperança – Steinbeck
518. Piratas do Tietê (1) – Laerte
519. Rê Bordosa: do começo ao fim – Angeli
520. O Harlem é escuro – Chester Himes
521. Café-da-manhã dos campeões – Kurt Vonnegut
522. Eugénie Grandet – Balzac
523. O último magnata – F. Scott Fitzgerald
524. Carol – Patricia Highsmith
525. 100 receitas de patisserie – Sílvio Lancellotti
526. O fator humano – Graham Greene
527. Tristessa – Jack Kerouac
528. O diamante do tamanho do Ritz – S. Fitzgerald
529. As melhores histórias de Sherlock Holmes – Arthur Conan Doyle
530. Cartas a um jovem poeta – Rilke
531. (20). Memórias de Maigret – Simenon
532. (4). O misterioso sr. Quin – Agatha Christie
533. Os analectos – Confúcio
534. (21). Maigret e os homens de bem – Simenon
535. (22). O medo de Maigret – Simenon
536. Ascensão e queda de César Birotteau – Balzac
537. Sexta-feira negra – David Goodis
538. Ora bolas – O humor de Mario Quintana – Juarez Fonseca
539. Longe daqui aqui mesmo – Antonio Bivar
540. (5). É fácil matar – Agatha Christie
541. O pai Goriot – Balzac
542. Brasil, um país do futuro – Stefan Zweig
543. O processo – Kafka
544. O melhor do Hagar 4 – Dik Browne
545. (6). Por que não pediram a Evans? – Agatha Christie
546. Fanny Hill – John Cleland
547. O gato por dentro – William S. Burroughs
548. Sobre a brevidade da vida – Sêneca
549. Geraldão (1) – Glauco
550. Piratas do Tietê (2) – Laerte
551. Pagando o pato – Ciça
552. Garfield de bom humor (6) – Jim Davis
553. Conhece o Mário? vol.1 – Santiago
554. Radicci 6 – Iotti
555. Os subterrâneos – Jack Kerouac
556. (1). Balzac – François Taillandier
557. (2). Modigliani – Christian Parisot
558. (3). Kafka – Gérard-Georges Lemaire
559. (4). Júlio César – Joël Schmidt
560. Receitas da família – J. A. Pinheiro Machado
561. Boas maneiras à mesa – Celia Ribeiro
562. (9). Filhos sadios, pais felizes – R. Pagnoncelli
563. (10). Fatos & mitos – Dr. Fernando Lucchese
564. Ménage à trois – Paula Taitelbaum
565. Mulheres! – David Coimbra
566. Poemas de Álvaro de Campos – Fernando Pessoa
567. Medo e outras histórias – Stefan Zweig
568. Snoopy e sua turma (1) – Schulz
569. Piadas para sempre (1) – Visconde da Casa Verde
570. O alvo móvel – Ross Macdonald
571. O melhor do Recruta Zero (2) – Mort Walker
572. Um sonho americano – Norman Mailer
573. Os broncos também amam – Angeli
574. Crônica de um amor louco – Bukowski
575. (5). Freud – René Major e Chantal Talagrand
576. (6). Picasso – Gilles Plazy
577. (7). Gandhi – Christine Jordis
578. A tumba – H. P. Lovecraft
579. O príncipe e o mendigo – Mark Twain
580. Garfield, um charme de gato (7) – Jim Davis
581. Ilusões perdidas – Balzac
582. Esplendores e misérias das cortesãs – Balzac
583. Walter Ego – Angeli
584. Striptiras (1) – Laerte
585. Fagundes: um puxa-saco de mão cheia – Laerte
586. Depois do último trem – Josué Guimarães
587. Ricardo III – Shakespeare
588. Dona Anja – Josué Guimarães
589. 24 horas na vida de uma mulher – Stefan Zweig
590. O terceiro homem – Graham Greene
591. Mulher no escuro – Dashiell Hammett
592. No que acredito – Bertrand Russell
593. Odisséia (1): Telemaquia – Homero
594. O cavalo cego – Josué Guimarães
595. Henrique V – Shakespeare
596. Fabulário geral do delírio cotidiano – Bukowski
597. Tiros na noite 1: A mulher do bandido – Dashiell Hammett
598. Snoopy em Feliz Dia dos Namorados! (2) – Schulz
599. Mas não se matam cavalos? – Horace McCoy
600. Crime e castigo – Dostoiévski
601. (7). Mistério no Caribe – Agatha Christie
602. Odisséia (2): Regresso – Homero
603. Piadas para sempre (2) – Visconde da Casa Verde
604. À sombra do vulcão – Malcolm Lowry
605. (8). Kerouac – Yves Buin
606. E agora são cinzas – Angeli
607. As mil e uma noites – Paulo Caruso
608. Um assassino entre nós – Ruth Rendell
609. Crack-up – F. Scott Fitzgerald

610. **Do amor** – Stendhal
611. **Cartas do Yage** – William Burroughs e Allen Ginsberg
612. **Striptiras (2)** – Laerte
613. **Henry & June** – Anaïs Nin
614. **A piscina mortal** – Ross Macdonald
615. **Geraldão (2)** – Glauco
616. **Tempo de delicadeza** – A. R. de Sant'Anna
617. **Tiros na noite 2: Medo de tiro** – Dashiell Hammett
618. **Snoopy em Assim é a vida, Charlie Brown! (3)** – Schulz
619. **1954 – Um tiro no coração** – Hélio Silva
620. **Sobre a inspiração poética (Íon) e ...** – Platão
621. **Garfield e seus amigos (8)** – Jim Davis
622. **Odisséia (3): Ítaca** – Homero
623. **A louca matança** – Chester Himes
624. **Factótum** – Charles Bukowski
625. **Guerra e Paz: volume 1** – Tolstói
626. **Guerra e Paz: volume 2** – Tolstói
627. **Guerra e Paz: volume 3** – Tolstói
628. **Guerra e Paz: volume 4** – Tolstói
629. (9).**Shakespeare** – Claude Mourthé
630. **Bem está o que bem acaba** – Shakespeare
631. **O contrato social** – Rousseau
632. **Geração Beat** – Jack Kerouac
633. **Snoopy: É Natal! (4)** – Charles Schulz
634. (8).**Testemunha da acusação** – Agatha Christie
635. **Um elefante no caos** – Millôr Fernandes
636. **Guia de leitura (100 autores que você precisa ler)** – Organização de Léa Masina
637. **Pistoleiros também mandam flores** – David Coimbra
638. **O prazer das palavras** – vol. 1 – Cláudio Moreno
639. **O prazer das palavras** – vol. 2 – Cláudio Moreno
640. **Novíssimo testamento: com Deus e o diabo, a dupla da criação** – Iotti
641. **Literatura Brasileira: modos de usar** – Luís Augusto Fischer
642. **Dicionário de Porto-Alegrês** – Luís A. Fischer
643. **Clô Dias & Noites** – Sérgio Jockymann
644. **Memorial de Isla Negra** – Pablo Neruda
645. **Um homem extraordinário e outras histórias** – Tchékhov
646. **Ana sem terra** – Alcy Cheuiche
647. **Adultérios** – Woody Allen
648. **Para sempre ou nunca mais** – R. Chandler
649. **Nosso homem em Havana** – Graham Greene
650. **Dicionário Caldas Aulete de Bolso**
651. **Snoopy: Posso fazer uma pergunta, professora? (5)** – Charles Schulz
652. (10).**Luís XVI** – Bernard Vincent
653. **O mercador de Veneza** – Shakespeare
654. **Cancioneiro** – Fernando Pessoa
655. **Non-Stop** – Martha Medeiros
656. **Carpinteiros, levantem bem alto a cumeeira & Seymour, uma apresentação** – J.D.Salinger
657. **Ensaios céticos** – Bertrand Russell
658. **O melhor de Hagar 5** – Dik e Chris Browne
659. **Primeiro amor** – Ivan Turguêniev
660. **A trégua** – Mario Benedetti
661. **Um parque de diversões da cabeça** – Lawrence Ferlinghetti
662. **Aprendendo a viver** – Sêneca
663. **Garfield, um gato em apuros (9)** – Jim Davis
664. **Dilbert 1** – Scott Adams
665. **Dicionário de dificuldades** – Domingos Paschoal Cegalla
666. **A imaginação** – Jean-Paul Sartre
667. **O ladrão e os cães** – Naguib Mahfuz
668. **Gramática do português contemporâneo** – Celso Cunha
669. **A volta do parafuso** *seguido de* **Daisy Miller** – Henry James
670. **Notas do subsolo** – Dostoiévski
671. **Abobrinhas da Brasilônia** – Glauco
672. **Geraldão (3)** – Glauco
673. **Piadas para sempre (3)** – Visconde da Casa Verde
674. **Duas viagens ao Brasil** – Hans Staden
675. **Bandeira de bolso** – Manuel Bandeira
676. **A arte da guerra** – Maquiavel
677. **Além do bem e do mal** – Nietzsche
678. **O coronel Chabert** *seguido de* **A mulher abandonada** – Balzac
679. **O sorriso de marfim** – Ross Macdonald
680. **100 receitas de pescados** – Sílvio Lancellotti
681. **O juiz e seu carrasco** – Friedrich Dürrenmatt
682. **Noites brancas** – Dostoiévski
683. **Quadras ao gosto popular** – Fernando Pessoa
684. **Romanceiro da Inconfidência** – Cecília Meireles
685. **Kaos** – Millôr Fernandes
686. **A pele de onagro** – Balzac
687. **As ligações perigosas** – Choderlos de Laclos
688. **Dicionário de matemática** – Luiz Fernandes Cardoso
689. **Os Lusíadas** – Luís Vaz de Camões
690. (11).**Átila** – Éric Deschodt
691. **Um jeito tranqüilo de matar** – Chester Himes
692. **A felicidade conjugal** *seguido de* **O diabo** – Tolstói
693. **Viagem de um naturalista ao redor do mundo** – vol. 1 – Charles Darwin
694. **Viagem de um naturalista ao redor do mundo** – vol. 2 – Charles Darwin
695. **Memórias da casa dos mortos** – Dostoiévski
696. **A Celestina** – Fernando de Rojas
697. **Snoopy: Como você é azarado, Charlie Brown! (6)** – Charles Schulz
698. **Dez (quase) amores** – Claudia Tajes
699. (9).**Poirot sempre espera** – Agatha Christie
700. **Cecília de bolso** – Cecília Meireles
701. **Apologia de Sócrates** precedido de **Êutifron e** *seguido de* **Críton** – Platão
702. **Wood & Stock** – Angeli
703. **Striptiras (3)** – Laerte
704. **Discurso sobre a origem e os fundamentos da desigualdade entre os homens** – Rousseau
705. **Os duelistas** – Joseph Conrad
706. **Dilbert (2)** – Scott Adams
707. **Viver e escrever** (vol. 1) – Edla van Steen
708. **Viver e escrever** (vol. 2) – Edla van Steen
709. **Viver e escrever** (vol. 3) – Edla van Steen
710. (10).**A teia da aranha** – Agatha Christie
711. **O banquete** – Platão
712. **Os belos e malditos** – F. Scott Fitzgerald
713. **Libelo contra a arte moderna** – Salvador Dalí

714. Akropolis – Valerio Massimo Manfredi
715. Devoradores de mortos – Michael Crichton
716. Sob o sol da Toscana – Frances Mayes
717. Batom na cueca – Nani
718. Vida dura – Claudia Tajes
719. Carne trêmula – Ruth Rendell
720. Cris, a fera – David Coimbra
721. O anticristo – Nietzsche
722. Como um romance – Daniel Pennac
723. Emboscada no Forte Bragg – Tom Wolfe
724. Assédio sexual – Michael Crichton
725. O espírito do Zen – Alan W. Watts
726. Um bonde chamado desejo – Tennessee Williams
727. Como gostais *seguido de* Conto de inverno – Shakespeare
728. Tratado sobre a tolerância – Voltaire
729. Snoopy: Doces ou travessuras? (7) – Charles Schulz
730. Cardápios do Anonymus Gourmet – J.A. Pinheiro Machado
731. 100 receitas com lata – J.A. Pinheiro Machado
732. Conhece o Mário? vol.2 – Santiago
733. Dilbert (3) – Scott Adams
734. História de um louco amor *seguido de* Passado amor – Horacio Quiroga
735. (11). Sexo: muito prazer – Laura Meyer da Silva
736. (12). Para entender o adolescente – Dr. Ronald Pagnoncelli
737. (13). Desembarcando a tristeza – Dr. Fernando Lucchese
738. Poirot e o mistério da arca espanhola & outras histórias – Agatha Christie
739. A última legião – Valerio Massimo Manfredi
740. As virgens suicidas – Jeffrey Eugenides
741. Sol nascente – Michael Crichton
742. Duzentos ladrões – Dalton Trevisan
743. Os devaneios do caminhante solitário – Rousseau
744. Garfield, o rei da preguiça (10) – Jim Davis
745. Os magnatas – Charles R. Morris
746. Pulp – Charles Bukowski
747. Enquanto agonizo – William Faulkner
748. Aline: viciada em sexo (3) – Adão Iturrusgarai
749. A dama do cachorrinho – Anton Tchékhov
750. Tito Andrônico – Shakespeare
751. Antologia poética – Anna Akhmátova
752. O melhor de Hagar 6 – Dik e Chris Browne
753. (12). Michelangelo – Nadine Sautel
754. Dilbert (4) – Scott Adams
755. O jardim das cerejeiras *seguido de* Tio Vânia – Tchékhov
756. Geração Beat – Claudio Willer
757. Santos Dumont – Alcy Cheuiche
758. Budismo – Claude B. Levenson
759. Cleópatra – Christian-Georges Schwentzel
760. Revolução Francesa – Frédéric Bluche, Stéphane Rials and Jean Tulard
761. A crise de 1929 – Bernard Gazier
762. Sigmund Freud – Edson Sousa e Paulo Endo
763. Império Romano – Patrick Le Roux
764. Cruzadas – Cécile Morrisson
765. O mistério do Trem Azul – Agatha Christie
766. Os escrúpulos de Maigret – Simenon
767. Maigret se diverte – Simenon
768. Senso comum – Thomas Paine
769. O parque dos dinossauros – Michael Crichton
770. Trilogia da paixão – Goethe
771. A simples arte de matar (vol.1) – R. Chandler
772. A simples arte de matar (vol.2) – R. Chandler
773. Snoopy: No mundo da lua! (8) – Charles Schulz
774. Os Quatro Grandes – Agatha Christie
775. Um brinde de cianureto – Agatha Christie
776. Súplicas atendidas – Truman Capote
777. Ainda restam aveleiras – Simenon
778. Maigret e o ladrão preguiçoso – Simenon
779. A viúva imortal – Millôr Fernandes
780. Cabala – Roland Goetschel
781. Capitalismo – Claude Jessua
782. Mitologia grega – Pierre Grimal
783. Economia: 100 palavras-chave – Jean-Paul Betbèze
784. Marxismo – Henri Lefebvre
785. Punição para a inocência – Agatha Christie
786. A extravagância do morto – Agatha Christie
787. (13). Cézanne – Bernard Fauconnier
788. A identidade Bourne – Robert Ludlum
789. Da tranquilidade da alma – Sêneca
790. Um artista da fome *seguido de* Na colônia penal e outras histórias – Kafka
791. Histórias de fantasmas – Charles Dickens
792. A louca de Maigret – Simenon
793. O amigo de infância de Maigret – Simenon
794. O revólver de Maigret – Simenon
795. A fuga do sr. Monde – Simenon
796. O Uraguai – Basílio da Gama
797. A mão misteriosa – Agatha Christie
798. Testemunha ocular do crime – Agatha Christie
799. Crepúsculo dos ídolos – Friedrich Nietzsche
800. Maigret e o negociante de vinhos – Simemon
801. Maigret e o mendigo – Simenon
802. O grande golpe – Dashiell Hammett
803. Humor barra pesada – Nani
804. Vinho – Jean-François Gautier
805. Egito Antigo – Sophie Desplancques
806. (14). Baudelaire – Jean-Baptiste Baronian
807. Caminho da sabedoria, caminho da paz – Dalai Lama e Felizitas von Schönborn
808. Senhor e servo e outras histórias – Tolstói
809. Os cadernos de Malte Laurids Brigge – Rilke
810. Dilbert (5) – Scott Adams
811. Big Sur – Jack Kerouac
812. Seguindo a correnteza – Agatha Christie
813. O álibi – Sandra Brown
814. Montanha-russa – Martha Medeiros

Coleção Agatha Christie Pocket:

Assassinato na casa do pastor
Um brinde de cianureto
Um crime adormecido
Os crimes ABC
Depois do funeral
É fácil matar
E no final a morte
A extravagância do morto
Um gato entre os pombos
A mão misteriosa
O mistério do Trem Azul
Mistério no Caribe
O mistério Sittaford
O misterioso sr. Quin
Nêmesis
A noite das bruxas
Um passe de mágica
Poirot e o mistério da arca espanhola e outras histórias
Poirot perde uma cliente
Poirot sempre espera e outras histórias
Por que não pediram a Evans?
Portal do destino
Punição para a inocência
Os Quatro Grandes
Seguindo a correnteza
Sócios no crime
A teia da aranha
Testemunha da acusação e outras peças
Testemunha ocular do crime
Os trabalhos de Hércules

ENCYCLOPAEDIA é a nova série da Coleção L&PM Pocket, que traz livros de referência com conteúdo acessível, útil e na medida certa. São temas universais, escritos por especialistas de forma compreensível e descomplicada.

PRIMEIROS LANÇAMENTOS: **A crise de 1929**, Bernard Gazier – **Budismo**, Claude B. Levenson – **Cleópatra**, Christian-Georges Schwentzel – **Cruzadas**, Cécile Morrisson – **Geração Beat**, Claudio Willer – **Império Romano**, Patrick Le Roux – **Revolução Francesa**, Frédéric Bluche, Stéphane Rials e Jean Tulard – **Santos Dumont**, Alcy Cheuiche – **Sigmund Freud**, Edson Sousa e Paulo Endo – **Economia: 100 palavras-chave**, Jean-Paul Betbèze – **Acupuntura**, Madeleine Fiévet-Izard, Madeleine J. Guillaume e Jean-Claude de Tymowski – **Alexandre, o grande**, Pierre Briant – **Cabala**, Roland Goetschel – **Capitalismo**, Claude Jessua – **Egito Antigo**, Sophie Desplancques – **Escrita chinesa**, Viviane Alleton – **Existencialismo**, Jacques Colette – **Guerra Civil Americana**, Farid Ameur – **História de Paris**, Yvan Combeau – **Impressionistas**, Dominique Lobstein – **Islã**, Paul Balta – **Jesus**, Charles Perrot – **Marxismo**, Henri Lefebvre – **Mitologia grega**, Pierre Grimal – **Nietzsche**, Jean Granier – **Tragédias gregas**, Pascal Thiercy – **Vinho**, Jean-François Gautier

L&PM POCKET **ENCYCLOPAEDIA**
Conhecimento na medida certa